Don't

王美說了算！
誰管別人想什麼！

鍛鍊強大心理素質、打怪技能、捉妖法力，
包你愛情事業兩得意

Care

作者＿＿＿王思佳

CONTENTS 目錄

CHAPTER 3

王美識人術 ♡ BESTIE?

CHAPTER 4

王美談感情 ♡ IN LOVE

我從人生的低潮中，
再站起來了！

在書即將告一個段落的時候，發生了一件事，而且因為這件事讓我瞬間成長了很多！原本我以為我已經是一個百毒不侵的人，從小到大見過的人事物，鬼怪也夠多了。也許很多人會把它視為我人生的低潮，但對我而言那是個休息調養最好的時候。

從我懷孕到生完小孩，其實我都沒有休息，月子做了 18 天，我就出門工作。沒有什麼，因為我熱愛這份工作，我也有很多對廠商的責任，很多已經排好的行程，還有已經排定的工作，同時間上節目拍 YT，主持節目，還要帶小孩，我的生活大概除了睡覺腦筋都沒停下來！

人家說一孕傻三年，我想我連 3 天都沒辦法傻！所有的一切都是我努力得來的，沒有靠任何關係，全是憑我的努力還有成績以及瀏覽率！我可以很自豪的說，對每一個我合作的廠商都是全力以赴，讓他們覺得物超所值，所以每一個廠商都會回頭來不斷地和我合作，而我也用合理的報價，更努力的表現來回報他們！

但在這個競爭激烈的行業裡面，稍微有一點閃失，想補位、卡位的人多得是！發生包包的事件，讓我發現到一個人的嘴講不過數千張嘴，因為大家的既定的印象，多說無用全是狡辯！

大家還記得帽子的事件嗎？那個時候很多人覺得我大驚小怪，為什麼要為了一頂帽子開直播？我告訴你們為什麼？因為我一直被

一個媒體某週刊不斷地針對。最早的時候他想要寫我跟一個女藝人不合，還說我搶了人家的工作，當然我人緣很好，提早得知了這個消息，為了不讓他亂寫，因為我也知道就算他跟我求證，我說的話他也未必會寫進去，所以我就在我的社群媒體發文，把整件事情的時間線、過程以及截圖，全部發出來。可想而知這個報導就黃了，把他們急的跳腳，我也很慶幸提早得知能夠及早防範！

但我也知道，他們不會就此罷休！

果然就在我生完小孩之後，有一天我帶著小王美出門採買東西，就接到經紀人的電話，劈頭第一句就問我，帽子哪裡買的？我被問的一頭霧水？那個時候剛過完年。
我就問：「什麼帽子啊？」
他說：「你 PO 在社群媒體上的一頂帽子？」
我回他：「怎麼了嗎？」
他說：「某週刊說接到爆料你的帽子有問題。希望你對這件事情提出交代給個說法。」我心想，你還來呀！上次的事情還不夠嗎？有必要這樣處處針對嗎？無聊到盯著我社群上的每一張照片找麻煩嗎？我就回我經紀人說：「我回家找一下有沒有發票。」

我不騙你，我在家找了超久，幾乎要把整個家都翻過來，好不容易找到了，卻發現上面只有總額沒有品項，完蛋了這張發票交出

去，他也一定會說你怎麼證明這張發票就是買帽子的！這年頭想要定你罪的人不先去證明你有錯，反而是無罪的人要洗清自己的嫌疑？這眞的是我聽過最可笑的事！

帽子是過年期間在微風南山買的，在樓下的童裝部，我就打電話過去報了我的會員編號，再度查詢了當天購買的金額以及品項，也同時跟店員說如果等等需要打電話給他，請他再一次地幫我報出品項以及價格是否可以？

對方也同意了，這才有了爲什麼用直播大動作的澄清這頂帽子，是因爲就算我把發票給出去，對方打電話去問百貨，會因爲沒有我的個人資料，他也無法查詢我購買的品項。也就是說，他也可以說這張發票無法證明我的帽子是在哪裡購買的，所以我爲了證明我就是在微風買的，我必須要用這麼複雜的方式在直播中來呈現！

也因爲我的大動作澄清，這篇報導當然也沒有出刊，後續了解才發現原來他們當時手上並沒有同樣的帽子，他們只打算用社群媒體上我的照片去詢問二手店賣家，請他們針對這張照片來評斷帽子的眞假，我眞的是傻眼了。手上沒有東西，僅憑一張圖片就可以一眼斷定？也太草率了吧！

我的公司當然很火大，就去質問當時來問的記者，這麼無聊的爆料你們什麼都受理嗎？那每天都有人打電話去覺得誰的東西很奇怪？你們都會來問嗎？還是只是針對我們呢？對方的回應竟然說：「我們也不是誰的爆料都會接受，是一個女藝人來爆料的！」

大家自己猜猜是誰呢？我當然有答案，你們有嗎？

所以那些不明究理覺得我小題大作的人，你們想想，你是我的話，你氣不氣？但是因為當時沒有時間解釋這麼多，也導致於很多人不清楚來龍去脈，看到我氣呼呼的樣子，就覺得我小題大作，但是他們並不知道，我已經被一而再、再而三找麻煩，而且惡意如此明顯！

然後這篇報導一樣，也是黃了！但對我而言，也是很累，我要用這麼大的動作，才有辦法讓他不要往我身上潑髒水，這個水一旦潑下去，我得花多大的力氣撇清，又會有多少人只看標題？

你可想而知這個週刊會有多跳腳，原本想要用這種爛招來抹黑我，結果我竟然大動作的直播，那我就問一句？有人來跟我道歉嗎？沒有！他們就當沒事一樣，靜靜的等著下一次的機會。

別人對我的質疑，我只能不斷地澄清！

力道還要一次比一次大，因為如果反擊的太過輕微，別人就會說是不是心虛了。如果我猛烈的反擊，又會有人說幹嘛那麼在乎啊！如果沒有幹嘛怕人家說？做人有多難？我只想好好的，把工作做好，每天都要面對一大堆沒有工作能力、整天想著奧步的人，以為搞掉了別人，就可以順利上位一步登天。

當然因為這兩次的事情，這個週刊對我的怨念就更深了！

第三次的對決，他們不僅公布我的住家地址，還大言不慚的說，我的房仲說我霸占著房子不離開，不僅在標題上面欺騙觀眾造謠，毀壞我的名譽不說，你知道他們怎麼求證的嗎？他們在出看刊前一天晚上跑去問我的經紀人有沒有這件事，我們就給了和房仲的對話，證明根本沒有這件事，我經紀人還問他們如果沒有這件事情還要寫這篇報導嗎？

週刊的記者回覆說：「我們也只是問一下，因為已經印好了，明天就出刊了。」那你問什麼？問好玩、問心酸的？還跟我經紀人說沒有寫什麼啦，不用太擔心不用想太多！你們看到了嗎？這就是這

個行業的黑暗面。這就是手段低劣的報復！身為一個媒體記者竟然沒有做到查證的義務，就擅自刊登報導，這不是公報私仇這是什麼？而這一切的一切，一時之間我說的明白嗎？

買了這本書的你們讀到這裡！你們懂我心裡黑暗面的面積嗎？

太賤了……這種標題、這種內文，滿滿的惡意。我真的很想問，我是對這位記者做了什麼？搶了他男人？買了他的愛包？還是他在為朋友出氣？不然他一天到晚緊盯我是為了什麼？因為我搞黃了他兩篇報導？因為我成功自救了兩次？沒有關係，這些事情我都會記得。我也都知道是誰在背後！我都知道！

他們一定覺得自己好棒，好厲害！終於成功了，用盡全力就是為了要拉下我，你看我有多重要！他需要攻擊這麼多次，連記者的本分和名譽都不要了，用這種下作的手段也要成功！

你還覺得你遇到很多小人嗎？你多看看我的故事就會知道我才是打怪專家！

基於以上種種一時間難以說明白的故事，才讓我在後續的事件當中，被有些人一直拿這件事情來說我的態度沒有之前這麼強硬所以有問題！但你們現在就知道為什麼了？我還看到有人寫說，我

才不管他拿眞的假的，反正他拿眞的也像假的，而且還不只一個人⋯⋯

我從那一刻就明白了，不管我怎麼要努力認眞的證明，跑到每一個人面前把購證甩在他臉上，他要嘛就說這張是眞的嗎？不然就說好啊！這個沒問題，那我要看下一個，也就是我要證明到每一個人都毫無疑問，這件事情才算完整！

有可能嗎？說服每一個人？說服每一個已經先入爲主的人？被誤會過的你們知道那有多困難，這是不可能的！你跟前50個人解釋，你就要跟後面的人解釋，你一旦開始解釋大會，就不能停下來，停了就是心虛了，所以我不要。如果對這些人來說，這個謎底沒有解開，他們心裡面難以接受，那我會把這個謎底帶進棺材，讓他們窮盡一生都在思考這件事！

人能夠有多惡意？

我再舉個例子，完美研究室有一集，我拿著一個 VIP 的贈品包說：「這個我也有一個！哇！他的是毛呢的耶！」這句話底下就有一個人說：「他不是說他也有一個嗎？那他爲什麼會對毛呢感到驚訝？那就表示他沒有啊！」

不好意思喔，這位自以為是的觀眾！我的確有一個，但我的是皮革的，所以我看到他的材質是毛的，我下意識就說：「誒～他的是毛呢的耶～因為跟我的不一樣啊。」但我不能怪你，因為你沒有收過！但我如果當時講說你沒拿過，所以你不知道。完蛋了，底下的人就要說拿過了不起呀！囂張什麼啊？一大堆這種言論又要來了，在那個時候我什麼都不能說……

當然還有一堆趁你病，要你命的人。新聞不是還說我跑去罵一個改包達人嗎？聳動的標題真的很令人驚訝！我根本沒罵他！如果我罵他為什麼不留直播？有些人就是很會閃躲，打著教育的名義，拿著我的照片（雖然把頭的部分結截掉了，但誰認不出來自己的照片？）拿著我的照片截圖和官網上面的圖片來做解說。如果只是純粹的要講工藝，我絕對沒有意見洗耳恭聽，但他拿著官網的圖說這個是官網圖，拿著我的照片說，這個叫做對照組！

有點中文造詣的人，就知道這是什麼意思。對照什麼？他也在直播裡面說這個海灘包非常的限量，找了很久也只找到兩張圖。所以他只能用這兩張圖來跟對照組做對照，然後就開始說官網的花紋和我的花紋不太一樣。這位先生，一塊布料做出來的東西一定會有某些部分花紋不一樣，因為那是同一塊布裡面裁出來的，就像有些手染的衣服，每一件都會有獨特的花紋，還有色差才顯得獨一無二。

順便再跟大家說明一下，很多時候秀上出現的衣服和花色還有設計，和最後實際在店裡面做販售的，有的時候會有不同，秀上的Show 款有的時候會改版，還有所謂的官網圖，有的時候店裡面的實品，在顏色上也會有色差，一切都是以店裡面販售的為準！也就是說，就算你拿著所謂的官網圖和最後你在店裡面實際看到的，有的時候並不一樣！更何況我拿的是限量海灘系列。

所以我就在直播裡頭問他：「請問我的包包哪裡有問題？」如果他能夠說出哪裡有問題？我會很佩服他。尤其在他根本沒有看過包包實際的樣子，就可以用一張還不是畫素很高的照片，就可以來講解我真心的感到佩服。他的眼睛根本就是 X 光！

但他只回了一句：「我們這裡不論真假，只說工藝！」那你為什麼稱我的圖片是對照組？因為你沒有料到，我本人會看到這個直播。我也在底下留言跟他說如果你欣賞這個包包的工藝，我可以把這個包包帶給你看！很合理吧！因為他說他沒有看過，只能夠依照照片來評斷，所以我說我把包包本尊拿給他看。

我也不可能隨便亂約他在什麼地方大馬路上，所以我就約他在我購買包包的地點：新光三越。結果這樣就被媒體下標題說我約他訂孤枝？是在跟我開玩笑嗎？你們看看我證明自己的下場是什麼？我要跟人家證明我的包包是真的，我跟這個誤會我的人說請

你出來看，他就哭了。你們說說我這壞人臉能證明什麼？證明，我又在欺負人了！

結果我又被罵了，說我去欺負他。各位我在跟他證明我的包包在哪裡買的？我請他出來親眼看看。這樣叫欺負他。結果這個新聞出來之後一大堆關心我的朋友馬上打電話告訴我說：「不要再證明了。」沒有用的，媒體的風向一面倒。你證明了，也不會有人幫你說話，大家只想看到你倒！低調，不要再回答了！

我原本還覺得我可以大聲，為我自己說話，從那一刻，我真心明白！什麼叫先哭先贏，什麼叫做弱者生存術。雖然這個直播的人，事後有傳簡訊跟我道歉，但有什麼屁用，他不就成了大家和媒體眼中的弱者嗎？應該收穫了一堆同情票吧！我只能說佩服佩服！

當然我事後有接到了很多爆料來跟我講這個人的很多故事，包括他也賣過一些有爭議的包包，但那又怎麼樣呢？在那個時候他可是被我欺負的人，他可委屈了！但他自己做過的事，心知肚明！沒關係，真相總有一天水落石出啦！

除了一些趁機想打壓我的討厭鬼之外，這個世界上有沒有善良的人呢？我告訴你們，非常多！你們無法想像我被多少的愛包圍，多少朋友什麼也沒問只跟我說一句：「我相信你！」在那一刻，我知道他們都懂我。

我常說，我的王美頻道，散播歡樂，散播愛，我收到好多好多相信我支持我鼓勵我的簡訊。有人跟我說，我在他最低潮的時候用我的影片把他拉回來，而現在他要把這個力量也給我。每一個人都跟我說，一定要堅強！要挺住！我在那一刻感受到這個世上最強大的正能量，每一個私訊我的人，我在這裡誠心的感謝你們！謝謝你們花時間傳簡訊給我，謝謝你們給我勇氣和力量，我都收到了！是因為你們，才有現在的我！

有人跟我說他無法想像，我現在的處境，很擔心我，也覺得如果是他自己一定會撐不下去。我想跟你說的是，每一個考驗的背後都有一張超級入場券，你要證明你有那個能力走的進去，你就要有這個本事活下去。

我靠著自己的努力，一步一步走到今天，我相信每一個喜歡我的人，喜歡我的個性，喜歡我開玩笑的方式，喜歡我的幽默，絕對不是因為我買了什麼包才喜歡我！

我很清楚欣賞我的人是獨一無二的，他們懂我想要傳達的，懂我的表演方式，絕對不會因為新聞剪輯的一兩句話就誤會我。至於普羅大眾，新聞媒體餵什麼就吃什麼的人？沒有自我中心思想，沒有思考能力。無聊到每個新聞都要評論的人，我謝謝他們花時

間在我身上，忙碌的工作之餘，還要爲了我留言，這不是粉絲的行爲嗎？

你問我有沒有接到很惡意的留言？當然有……有人問我爲什麼不去死？有人問我活著幹嘛？有人用最惡意的言詞，像我殺了他父母奪了他家產，挖了他祖墳，搶了她男人、十惡不赦的罪人一樣，你沒有辦法想像那有多深的恨。就是那種，如果你當場了結的生命，他也會笑你的人！這種人不是人，是酸民。

酸民，就像吸血鬼一樣，吸血鬼遇到陽光會蒸發。酸民，你拆穿他，他會惱羞！

我從來沒有說過，我自己多有錢，我就說我很會花錢，很愛花錢。我永遠只買我自己看得懂東西，也不是爲了買給別人看的，純粹是我自己買爽的！我本來就知道人外有人天外有天，我就在我自己的頻道小世界裡面分享我的東西。

我知道我這樣做一定會有人說炫富，所以我才自己把單元叫做炫富頻道，目的只是要讓人家無話可說，我已經自己這樣說了，他還能怎麼樣？結果就被作文章成爲我就是在炫富，然後就開始有人散布謠言，說我看不起窮人。我什麼時候說過這句話？你們覺

得如果我眞的說過這句話，我不早就被罵爆？

偏偏就有一堆人，把屎當飯吃！竟然相信就是我說的，還有人把它做成梗圖，在網路上到處散發，我也知道有人買網軍到處帶風向。沒關係的～我跟我自己說：「再髒的招數我都擋得住！」而我會好好的活著，讓那些小人知道要我死沒那麼簡單，他們可以現在笑，因爲他們也只能笑這麼一次，我能夠證明我自己一次，我就可以證明第二次！

我不怕！我做任何事情都認眞，我不像那些敷衍交差的人，爲結果作假的人，我的每一份工作都是靠我的實力贏來的。

休息養生是我最需要做的事，我也眞的這樣做了，睡得很飽，吃的很多，想得也很多，你問我有沒有看清很多人，其實懂我挺我的人眞的很多！謝謝那些不離不棄的廠商，合作多年，他們知道我的能力，我們也同樣相信消費者的理性，他們沒有拋下我，我感恩在心。還有好多演藝圈的好朋友，謝謝你們，謝謝你們知道這個行業多不容易，謝謝你們的信任。沒有那些醜惡的臉孔，怎麼更顯得這些人的美麗！

有人問我怎麼挺過包包風暴的，前幾天我沒什麼睡，都在思考，

我這張臉說什麼錯什麼？不討喜的外表，先入為主的觀念，多說多錯，不說心虛，其實真的很難。那個時期出現了很多什麼行為學專家啦，微表情專家，還有一大堆半路出家的，我真的都不怪他們，他們很聰明，知道趁勝追擊，知道機會難得！知道流量變現，我怎麼會怪他們。

但你問我會不會做一樣的事？我不會！道德觀不同做不出來。每一個人都有自己的選擇，自己的原因。我一向睡得好、睡得穩，從沒害過人，背黑鍋千百次，一樣活得好好的。就是因為這樣，對於那些看得懂我的人，你們才是我重視的人。

而至於那些莫名看我不順眼的、一天到晚氣質這裡氣質那裡的氣質大師們，麻煩去評斷別人就好，我的人生不是為了要討好這些人，真的不是～我不想把我的精力拿去跟那些不想聽的人證明什麼，我只想把更多的精力，花在值得的人身上，那些總是留言兩句消遣別人，就以為自己不得了的人，就讓他們這樣以為吧！

我已經過了跟人家在嘴上爭輸贏的階段了。信者恆信，不信者拜託不要信，拜託不要看、不要聽，不喜歡我麻煩封鎖，再多的攻擊和質疑都沒有打倒我，因為我很清楚，我是個什麼樣的人。

那些想給我致命一擊的人，很抱歉，你們失敗了。

而你們接下來要面對的，是還活著的我，而我準備好了！你們呢？
接下來我會把你們從陰暗處拖出來。

你們準備好接受熱八的光芒了嗎？

Project／何雅萍　Photographer／韓爵蔚　Makeup·Hair／吳志竑　Stylist／
葉璟毅　Illustration／redlouise_illustration　Editor／唐睿　服裝／VERSACE

MYS

今天這個強大的自己，絕對不是偶然。
無論遇到什麼樣的攻擊，一定要記得：
那是因為你擁有別人夢寐以求的。

王 美 的 養 成

ELF

那些背後的閒話，
關我什麼事！

王美的養成

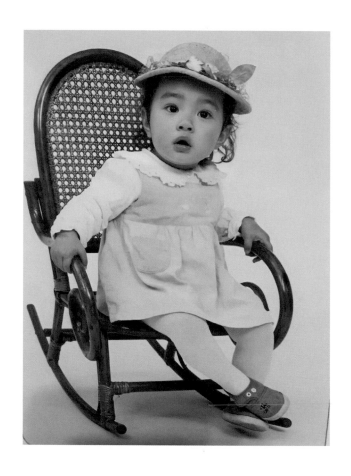

CHAPTER 1

從小我就是個特立獨行的人。

布蘭妮(我媽)從小學就讓我天天穿「大洋裝」上學，是拍畢業照會穿的那種「禮服大洋裝」！！！所以對我而言，禮服等於休閒服一樣！所以被人在背後說閒話這種事，我小學就領教過了！

「誒～你們有看到她今天穿的衣服嗎？誇張耶！誰穿那種衣服來學校啊？？」

「對啊～她真的每天都穿這樣！她沒有正常的衣服嗎？」率先開槍的是我同學，那個早上才跟我說：「哇！你的洋裝好美喔！」搭配超無敵燦爛的笑容！

好啊！你個雙面女！抓到了吼！

你們一定很好奇我在哪聽到的？？

破案經過是這樣的——從小就有「抓鬼」體質的我，正在上廁所，聽到同學在外面洗手聊天，正想要放下裙子，沖水開門去加入她們，就聽到了這個對話，我沒有開門出去，我就靜靜地聽她背後對我的議論，一邊回想她當面對我的讚美。

說真的！我沒有難過！只覺得如果她不喜歡，為什麼當著我面還要說那種違心之論。

也許大多數的人會覺得很受傷、難過，甚至去質問為什麼！

但對我而言，卻是為她難過！因為我衣櫥裡還有 2、30 件大禮服洋裝等著亮相，我不知道她還可以假裝喜歡我的衣服多久？因為如果我身上這件她就撐不住的話，那我明天要穿的那一件～～～～天啊！迫不急待了! Oh ～～～God 好想回家換衣服喔！現在！

那些喜歡在背後道人長短，但人前又虛偽稱讚的人～你們累不累啊？！

王美的養成

CHAPTER 1

只敢在背後說，那是因為見不得別人好。無法變成你，只好傷害你！難道你看不懂的衣服，就是錯的嗎？如果你也有被人在背後說過閒話，相信我～你已經贏在起跑點上了！

《附身》的電影有沒有看過！妖魔鬼怪要上你身之前，是不是要先摧毀你的意志力、擾亂你的情緒，讓別人覺得你是有問題的！當你意志消沉開始懷疑自我的時候，他的計謀就成功了！所以當你聽到別人在說你的壞話，要覺得高興，因為魔鬼現身被你逮個正著！清楚知道敵人在哪裡！

當然有一些道行不高的！就會開始搞小團體！一個普妹聯合更多普妹去打擊一個正妹，我希望你們每個人都可以 1 打 10 個！千萬不要因為條件好、能力高就要因此被針對！

過去 20 年，我見過太多自身不努力，只會出奧步的人！總以為摧毀別人自己就可以上位～殊不知不屬於你的位置，就算是空出來到長蜘蛛網也是坐不上去的！

總之小學我就在大家的側目當中度過了。

這中間我當然也有被影響，曾經想過要融入大家～

我問布蘭妮：「可不可以穿牛仔褲？」
布蘭妮：「為什麼突然要牛仔褲？」
我：「因為同學都穿牛仔褲啊！！」
布蘭妮：「為什麼要和大家穿一樣的？」
我：「不然同學都覺得我很奇怪啊！」

反正最後她終於帶我去買牛仔褲了！你們以為從此我就合群融入了？ No！No！No～ 我媽是誰啊！她給我買了一條上面滿滿的全是彩色小花的牛仔褲！！！！整件都是，連背面也有！

「我的天啊！」我在店裡大叫：「我要的是牛仔褲！」
布蘭妮：「這是牛仔褲啊！」
我：「我要正常的！沒有花的！」
布蘭妮：「你又沒說，這就是牛仔褲啊！」

對布蘭妮來說，進口童裝有花很好看、很特別啊，花錢為什麼要買跟別人一樣的？

可想而知當我穿這那件花不溜丟，簡直可以代言「花博」的牛仔褲出現在班上時的場景：

同學：「天啊～～你有看到她的褲子嗎？」、「到底去哪裡買的啊！」
我：「你想知道嗎同學？？？我可以告訴你哪家店！！」

我又被孤立了！因為我總是奇裝異服、過度隆重，造成別人的壓力！

最慘的是畢業照的拍攝那天，沒錯！大家都會好好打扮，所以我只要正常發揮就好了對吧！終於！大家會看起來和我一樣了，拍攝的前一晚我就是這樣想的……結果！我錯了！大錯特錯！

沒有人穿大禮服！她們都彼此約好色系，比如牛仔褲配藍色 T-shirt 之類的，而我因為告訴布蘭妮要拍畢業照，她拿出有滾邊蕾絲的超大黃色洋裝，頭上配同款髮箍、白色娃娃鞋！頭髮還有「sedo」過，這是要去畢業舞會吧？！

當我妝髮服完畢，出現在畢業照拍攝地點—芝山岩的時候，全班傻眼，一種空氣的凝結，我想大家應該花錢排隊跟我拍照才對吧！

想像我穿這樣，站在防空洞前拍照！荒謬！

是的，我的小學基本上就是這樣度過的。我的正常就是別人的不正常，異樣的眼光，我在小學就領教過了！做自己～我真的是從小做起，真的是：你不尷尬，尷尬的就是別人！

王美的養成

成就感就是：
別人以爲你要跌倒的同時，
你卻帥氣的站起身！

王美的養成

小時候遇到的趣事眞的挺多的！

因爲小明律師（我爸爸）的關係，以前在學校的時候都是要塡很多關於家庭的資料卡，塡到「家庭環境」的選項時，我問布蘭妮要寫什麼？她都會叫我寫「小康」就好。

而剛好小明律師有一個好朋友就叫做小康，我們都叫他小康叔叔！於是有一天，我妹妹就忍不住問：「爲什麼每次都是要塡小康叔叔？」

家庭資料中，因爲還要寫父母親的職業，每一次寫完王小明的職業「襄閱主任檢察官」老師都會用特別的眼神看我。有一天就有一個同學，跟其他的同學說：「以後千萬不要跟王思佳吵架，他爸爸會告你！」

我就回他說：「同學會告人的是律師！不是檢察官好嗎！」但是在那個時候，小孩子哪裡聽得進去，所以每次同學看到我就會故意哄鬧著說：「哎喲～～好可怕好可怕！不要得罪他，他爸爸會告你喔！」

還有一些同學會拿名字開玩笑，「思佳」的台語聽起來像水果「釋迦」！每次看到我就會喊：「釋迦來了！」同學！你知道釋迦裡面的維生素 C 是蘋果的 34 倍嗎？所以等到 2022 年的時候我還聽到有些人再開這種玩笑，我真的白眼翻到天邊，隨著時間流逝，很多人智商果然不成正比！

當然求學時期如果只有上述這些故事，那肯定不夠看，更精彩的來了！

王美的養成

記得小學的時候要分組做報告，那個時候同一組有一個男同學一直在搗亂、一直在鬼叫亂鬧，我就把桌上課本拿起來，輕輕的，各位是「輕輕的」啦，我真的是輕輕的從他的頭頂這樣敲了一下，畢竟我一個手無縛雞之力的女子，課本又輕的要命，就這樣碰了一下！你們猜發生什麼事？

那個男同學……昏……倒……了！！

你們沒有看錯！他真的就昏倒在桌上！全班驚呼，老師趕快叫兩個男生把他帶去保健室，我也在眾人譴責的眼光之下離開教室，去保健室查看男同學的情況。

後來他很快就醒了，護士檢查完也說他沒事，可能血糖有點低，休息一下、吃點東西應該就會好，所以我就先回教室了！

你們沒有辦法想像，原本吵鬧的教室在我走進去的那一瞬間立刻變為寂靜，你可以看得出來剛剛大家都在討論這件事，他們看見我的眼神當中有驚恐、有懷疑，我真的很像電影裡的女巫走進聚滿人群村莊裡的那種感受，每個人都對我非常的害怕，好像我有某種超能力似的！

我就默默地走回我的座位坐下，其實我當下也覺得莫名其妙，因爲我眞的沒做什麼，一切只因爲碰巧那個時間點我起身對他做了一個動作，就成了這一齣最搞笑的鬧劇。

從此，我在班上的女巫身分就更加確立，大家都對我敬而遠之，好像一靠近就會被我施法詛咒！隔天去上課，班上的男同學就指著我說：「不要靠近她，不要惹火她，她有斷掌！」什麼？我到底聽了什麼？他到底在說什麼？他知不知道斷掌是什麼？一個人無知就算了，更好笑的是旁邊的一群同學還附和：「對對對，你說的沒錯，他就是有斷掌，他好可怕！不要靠近他！」

如果你問我爲什麼這麼正能量，爲什麼這麼能夠對抗酸民，仔細推敲起來～我不就是在一群酸民當中成長的嗎？酸民往往無知還喜歡不懂裝懂，更喜歡給別人安罪名！而通常酸民都不落單，他們一定成群結隊、七嘴八舌、加油添醋地自以爲正義！學校就是個小型的社會，我早就見怪不怪了！

CHAPTER 1

所以就算你被否定、被誤會，一點都不需要擔心，我們必須認清楚這個時代，很多人根本不在意真正的事實，大家只覺得自己認定的就是事實！就算他們錯了，他們只會說是「眼睛業障重」，不會有人因為誤會你而來向你道歉，我從小就明白，不需要去跟這樣的人做解釋，這些人對於沒有見過的事情有種不安全感，習慣性的用否定、否認來畫出自己的安全區！

尤其是網路上就是有很多盲從的人！只要有一個自以為是領導者的出來長篇大論好像要參選一樣，然後就會有一大堆附議的人也冒出來，基本台詞大概就是：「我早就這樣覺得了」、「你看吧，我就說吧！」、「終於有人說出來了，呵呵！」……之類的這種馬後炮台詞。

我們一定要理解有些人的成就感來自於毀滅別人的生活，很難想像對吧？？

但世界上就有這種人，極其可悲，不求上進，天天等著別人做錯事，然後群起攻擊，以為可以拉下別人一點點，而自己就能往上提升一些些，人生從來就不是要避免什麼事情，而是遇到了事情該怎麼解決！

我的人生總有很多莫名其妙的狀況發生，但這不就是人生的考驗嗎？就像是打遊戲過關卡一樣，有的時候有攻略可以上網查，而有的時候要憑自己的經驗去摸索，**真正的成就感來自於，別人以為你要失敗的同時，你卻帥氣的站起身！**

我從小到大，可以算是同學眼中很特異的人，但我也不是很在乎，我也曾經在念書的時期因為男生比較喜歡我，班上的女同學就組隊討厭我！就是那種長得最醜的聯合第二醜的一起討厭我，你問我在乎嗎？我一點也不在乎，因為**有些人的肯定並不會讓我們的人生變得更好！真正理解我的人，就會得到我一百分的友誼！莫名不喜歡我的人，甚至不了解就批判我的人，慢走不送！感謝這些人，不用浪費我的時間！**

Project ／何雅萍　Photographer ／韓爵蔚　Makeup・Hair ／吳志竑　Stylist ／葉璟毅
Illustration ／ redlouise_illustration　Editor ／唐蓉　服裝／ VERSACE

王美的養成

如果有一天你被針對了，恭喜你！你就是這部戲的女主角，所有的戲份都會寫在你身上，你就是世界的中心，同劇的演員會討厭你，因為你戲份比較多！從早到晚焦點都是你，當然會被討厭啊！畢竟也不是人人都能當女主角，你還不趁機好好享受一下！寧可成為被嫉妒的人，也不要當嫉妒別人的人。

如果你曾經在求學的過程當中有過陰影，被排擠、被討厭、被針對，那麼你一定是令人矚目的人，因為只有什麼都沒有的人，沒有舞台、沒有特色，人生沒有樂趣，才要去找別人的麻煩，這麼多人他去挑了你，可見你有多特別！

我說過了，如果你今天穿得特別漂亮，一定會有人過來跟你說：「你今天穿得好奇怪喔！」相信我！你穿得太美了他受不了！

不要害怕被針對，不要害怕被討厭，不要害怕成為那個特別的人！你就是天選之人 ！

被誤解的日常，
教會了我
看懂人生百態！

CHAPTER 1

王美的養成

當包包的事情發生時，一開始我其實是一片混亂的。

身邊有太多聲音，每個人都有自己的想法和意見要跟我分享，每個人都想幫我做出對我最好的決定，而我卻不想影響到身邊的人。當網友都在扮演柯南，一個個化身鑑定專家群起審判時，我能做的只有少說少錯！

為什麼？因為我怎麼做都會有人不滿意！

送去原廠耗時 2、3 個月，就會說我拖時間，趕時間送有證書的第三方，又說我找的沒公信力，證明了沒問題，又說我是借來的！到底要怎樣？還有一堆人說 vintage 有問題叫我驗一驗。

我就問我找誰驗都不對！大部分的二手店除非你要賣給他，不然他們不會做鑑定跟報價，他當然要確定東西沒問題才會收購。但問題是我是要鑑定沒有要賣呀！更何況大部分中古店的收購價都很低，以我當時買的價格去中古賣根本虧大了，再加上 vintage 的真假，每家店都有自己的一套鑑定流程，不是由他們的管道進貨的商品，人家為何要幫我鑑定？幫我背書？很多都是出國走逛的小店購買的，現金支付，哪裡會有付款記錄？而且在當時的輿論之下，請問哪個店家願意蹚渾水？

其中當然不乏一些趁勢操作想帶風向一波的人，我都不想理會，因為他們就是要流量，我說什麼都會是藉口，都是在辯解！所以身邊長輩們希望我低調不要回應，讓時間證明，我其實很難受，所以我盡量都不看，因為看了也沒有意義。很多人只是想看到血流成河，什麼真假有差別嗎？我的包是真是假，會影響他明天上不上班？薪水會多或少？感情會受影響？還是我賣包給他們了？有人被我騙錢了？

說真的那些受訪幫我說話的藝人朋友！我除了感謝也對他們萬分抱歉，他們說著對我的了解但沒有人在乎，還有一堆不理性的人去質問他們為什麼和我當朋友？我就問一句，誰跟誰當朋友不是自由嗎？為什麼要由這些人決定？為什麼？有人一直騷擾跟留下惡毒的言語，我知道我的朋友都不是吃素的，他們自己也有識人能力，我沒有那個本事可以騙到他們，我也覺得萬分抱歉影響到他們。

回答也不對、不答也不行，反正一字一句都會被放大解讀，我的部分我選擇了不回答，結果就有網友無聊到把矛頭轉到我先生身上，拿一張像素超低的截圖直接挑明衣服有問題，我氣瘋了！連我家人也要騷擾？我氣不過留言在國外買的！結果一堆人馬上說這個敢回答，這個沒問題！好下一個快回答！等等！有病是不是？剛剛亂講話的有跟我們道歉嗎？沒有耶！你們潑別人髒水發現錯了不用

王美的養成

道歉？還說好這個沒問題換提問下一個？請問我在參加考試嗎？請問哪裡來的主考官？誰給你們權力可以強迫別人回答你？如果我照答，以後這些人心血來潮盯上任何一個人，只要對方沒大動作澄清全部有問題！到底這些人是誰？為什麼他們說了算？我為什麼要照他們的指令一一做到？憑什麼？我去專櫃買東西的時候一定要打卡自拍發限動？做了別人說炫富啦！沒這樣做又說沒看到限動真的是VIP嗎？我不用證明給這些人看，因為品牌自己清楚我的

消費記錄，收到的小禮物我也不用 PO，我的 SA 很清楚。
要質疑你的人永遠會說服他們自己事件不單純。但有的時
候就是這麼簡單！太多的陰謀論，太多人有被害妄想症。

我還看到一個留言超鬧的！有一天我限動 PO 了一個品牌
送給我的包包，我也在直播裡分享過這個包包，結果有一
個網友留言說：「這個包包是透明硬殼包裡的愛馬仕等級
耶！」台灣沒有賣這個品牌耶！他們怎麼可能送他啊！他
一定是自己買的，然後假裝品牌送他的啦！我的天啊！你
要不要看看自己的留言有多邏輯不通？

台灣沒有賣？所以不可能贊助我這個包？你知道有多少品
牌台灣沒有進口或是設櫃但都可以寄來台灣？你知道我們
的小盒子私訊有多少這樣的合作互惠私信？而品牌真的就
私訊我還讓我挑款式。我謝謝他們的限時動態他們還轉發
我的照片，他們還有發文在頁面耶！請問這怎麼假裝？？

每一個人都把自己的觀點當作事實去渲染，在那邊自以為
是的說著自己以為的事實，這樣的人我需要澄清什麼？完
全不想白費力氣、不想浪費時間。

人性的陰暗面在那一刻展露無遺，然後這種人絕對成群出
現！底下就有人在那邊：「真的耶！我也這樣覺得。」我可
以很明白告訴你這種有空在網路上議論別人甚至閒到留言
的，真實生活有多無聊？怎麼不去應徵編劇？是想幫我過

我的人生嗎？麻煩先去過好自己的。

我是一個不怕受傷的人，我什麼都不怕，什麼都敢說。就是因為這樣，身邊的人一直羨慕我能做自己，也擔心我受傷！但我就是假裝不了，當時的直播，我落淚了。是因為那幾天，不管我如何被質疑我都沒有落淚過，那天直播前有長輩告訴我：「不然你哭吧！」

用眼淚攻勢，眼淚是武器！我回答：「我不要！我不要同情，我可以面對我為什麼要哭、要示弱？只因為我是女人？」

我想畫個美美的妝，又被建議素顏就好！我堅決地表示我會好好的唸完想說的，不要被模糊焦點！我也做好面對一切惡毒流言的準備。

王美的養成

結果我一上線，我看到好多好多的加油留言，我內心的高牆瞬間崩塌！說好的不哭，說好的唸完就好，我現在哭會被人解讀在作秀，天啊！我的眼淚止不住！天啊！我不想被拍到流淚！天啊！怎麼跟我想的不一樣？不行我要趕快唸完該說的！天啊！我的眼淚怎麼還在掉？天啊！我不要被拍到哭的畫面，我趕快唸完趕快結束。我只能用最簡短的方式處理免得又被放大，結果又有人說不是很囂張嗎？奇怪我囂張什麼了？

我在自己的頻道分享買的東西，有什麼問題嗎？不喜歡不要看啊！每個人都有自己的說話方式，有什麼對錯？那你不喜歡上司老闆的嘴臉，怎麼不離職？現實生活中那麼逆來順受，網路上當鋼鐵人嗎？更何況我買的東西，本就不是大眾審美觀裡會喜歡的啊！我就是在我的世界裡分享，本來就是大家不會買，只有我會買的啊！如果我買東西是為了迎合大眾博關注，那我買大家看不懂的東西幹嘛？

還有一堆人一直鬼打牆的說我看不起窮人，到底什麼時候我說這句話？影片中有答案麻煩自己去看，一堆原影片沒看過的人，瘋狂鬼叫，還做圖賴在我身上，這些人到底有什麼問題？

後來有人跟我說，這個帶風向的背後有公關團隊操作。我瞬間明白了！有些人總是借刀殺人，以此洗白自己，求自保可理解，但背後補刀潑髒水也太沒水準了吧！但這就是人性，看得懂的人就懂，需要你的時候，是一張臉孔。但這也是好事，因為不只我看清了，我想大部分的人也都看清了狀況。

我必須說，一直和我合作的廠商，第一時間都給我滿滿的正能量。除了肯定我更是相信我，不離不棄的，照片一張都沒撤，商品繼續上新，沒有半點疑慮。為什麼？因為他們知道我的努力和認真，我和品牌的革命情感，不只是對我的信任，也是對商品的足夠信心展現。因為對消費者來說，好商品才是最重要的！

聊天室不斷的加油打氣，節日、生日的蛋糕鮮花……我點滴在心頭。這樣的夥伴、這個的公司領導者，有情有義，這樣的公司才會把最好的一切回饋給消費者。

說真的，我原本在想，也許他們都會跟我切割，說我影響到他們。但沒有，他們只說：「思佳，挺你，我們都在。」婕洛妮絲和黛后，是從我婚後一直在使用，也是陪伴了我整個孕期，我人生的重要夥伴們。

還有璽式工坊滴雞精，謝謝你們！一直喝你們的滴雞精也跟很多人分享，在我最黑暗的時期，寄給我滴雞精，說心疼我，希望我好好補一下幫我打打氣，那一刻我和淚水一起喝下的是暖心。

還有 Tracey Chen 飾品的老闆娘 Tracey，我們合作過發現很聊得來，不僅寫了卡片給我還幫我求了平安符，特別寄給我，祝福我一切順利平安。還有好多工作夥伴，陪著我一起的，來家裡陪我的，還有圈內圈外的朋友們，我何德何能，有你們在我身旁，有你們，我真的夠了。

還有最重要的，我的女兒、我的小王美，每天帶給我好多快樂。我看著她，覺得我什麼都不缺了！她只要對我笑，我就忘了所有可怕的攻擊，有一度我其實覺得可以了，就這樣吧！不做了可以吧！弄的像殺人放火、十惡不赦，還是詐騙盜領了誰的錢。不做我也沒差，孩子都生了，那些要討厭的人，你們就繼續吧！我人生不用看他們臉色的。

我其實已經抱定了這個想法，因為真相不重要。大家只相信自己眼睛認定的事情，也認為那就是事實。那就隨他們去吧！我希望他們看自己的人生，自己的事情也如此絕對，如此果斷。他們一生都沒看走眼過，各個火眼金睛，

都不會識人不清，生活一定一帆風順、步步高升，沒有生活、學業、業績壓力才能手機不離身，如此的生活贏家所以有空閒的時間對別人的生活妄下評斷，評論的頭頭是道。

過的不順心的人，總是特別希望別人摔倒對吧！單身狗，希望全民都失戀，被傷害過的，希望大家都能一樣痛過。你怎麼知道別人沒痛過？為什麼就你還在原地叫？

機會是給準備好的人。磨難是給儲備好的人。
被誤解是常態，也會讓你看清人生百態。

黛莉貝爾提供

王美的養成

自信很簡單，
就是知道自己難相處，
還是相信自己！

王美的養成

很多人問我為什麼可以有自信？

對我而言，自信就是一種自我信任！

你知道你自己真實的樣子，你夠了解自己就不怕被誤會，我長得很不好相處，我知道，我也很習慣別人因為不了解我而對我有誤解，我其實還滿喜歡這樣，因為等朋友真正認識我之後，知道我是個什麼樣的人，他們都會說原來你人滿好的！

先入為主，每個人都會這樣，人總是想相信自己的直覺，但真相是什麼？就是你不想相信的事情。謊言是什麼？就是你一直相信的東西。

當你習慣被誤會，你就會知道能夠省去很多麻煩，不用跟一些不相關的人打交道，花時間在真正應該相處的人！而且你要知道那些喜歡誤會別人的人，也不是只針對你！基本上他們就是一群找麻煩的人！所以何必去在乎根本不認識你就對你有意見的人？

隨著年紀增長，攻擊對你的傷害也應該逐漸降低，沒有那麼容易受傷了！就像打遊戲一樣，你的武器也會升級，你也會懂的防守了。小學三年級後，就沒有再聽過別人叫過

我釋迦了，所以我現在如果聽到，我只會用看小學生的眼光看待，知道他還有很漫長的成長空間。

一個人只能用外貌、姓名、年齡做攻擊的武器時，是因為他也沒什麼技能跟好武器，只能用隨手撿的，眼睛看的表面做攻擊，因為那也就是他本人看待事情的狀態，很表面！很膚淺！傷不了人，反而曝露自己有多淺。

所以面對最好的方法是，給他個燦笑，笑開花的那種，因為你不是第一個目標，也不會是最後一個。

路上的瘋狗對你叫，因為他看到你了，可是他沒叫，你會注意到他嗎？不會！比你好的沒空理你。是的！比你差的一直煩你

有些人向上追求美好事物，努力不懈；有些人爬不上就想拉下人，找人墊背。各式各樣的人，我從小到大遇的多了！說真的，不靠別人就不用欠人情，其實也是滿輕鬆的，當然你也看過不少沒本事只會靠關係的，但世界上還是存在有背景依然很努力，甚至想證明自己的人，這種人我也見過不少，打從心裡的佩服！

SHO

身為藝人，除了工作之外，
還有各種心機手段、假面應對……
以及停不下來的媒體過招。

王 美 職 場 生 存 錄

WBIZ

別人說的話，
聽聽就好

王美職場生存錄

別人說的話聽聽就好，聽3分將來好打臉他！

當年剛進演藝圈的時候，有一個算命老師說：「你這輩子跟唱片沒有緣分，你還是去演戲就好了！如果去演戲的話有可能會得獎！」你也知道小時候別人說什麼我們都會相信，所以我就去拍戲了，一直相信著也許這輩子唱片真的沒緣了，後來的確有一個機會可以去一間知名的唱片公司試唱，唱完了之後感覺很有機會，可是最後卻不了了之！後來才發現原來是當時帶我去的那個暫時合作的經紀人，他自己有星夢想出唱片，所以根本沒有幫我談任何的後續，反正因為諸如此事的鳥事太多，我就真的覺得我此生跟唱片無緣。

後來去拍戲，每天日夜顛倒，壓力大到不行，只要在家裡，就會有幻聽，一直聽到手機或簡訊的聲音，可能上個廁所，就覺得放在外面的手機在響；睡覺的時候也很淺眠，1個小時就會醒來1次，深怕睡過頭。

我不抽煙、不喝酒，連咖啡都不喝，那段時間除了工作，完全沒有放鬆的消遣，整個人很緊繃。我只記得我賺到了錢，可是我好不開心，我每天都不開心，很想報復性的花錢，但亂買了也不開心，情緒起伏很大，我那時候驚覺我

華特音樂提供

王美職場生存錄

好像身體出現了異狀！有的時候莫名的想哭，有時候又覺得很煩躁，上網搜尋自我檢測發現，我好像有點輕微的憂鬱症！我從沒想過我這麼樂觀開朗的人，竟然會跟憂鬱沾上邊！

我開始深思這真的是我要的生活嗎？但是我又能改變多少？我還記得那個時候我跟公司說我想要去上電視通告，公司跟我說為什麼要做這種事，那不是我該發展的地方，所以一開始只有要宣傳的時候才會去節目錄影，我記得上第一個節目我只說了 3 句話，其他時間都在看別人表演，不知不覺就錄完了一個節目！我卻覺得太有趣了，我就跟公司說我想要上節目，我就開始通告咖的生活！

其實當通告咖的時期很開心，因為我真的很喜歡講話，我也好喜歡分享故事，又可以認識好多不同的人，聊天分享還可以做自己，不像演戲的時候只能照著劇本演別人，我開始發現這才是我想做的。結果有一天我遇到一個藝人，他看著我說：「我們是演員，你為什麼要去做通告咖？」我看著他的臉，不明白他的優越感從哪裡來？的確演藝圈好像有個不成文的層級分別，好像電影咖、戲劇咖就比較高級？覺得好像沒有地方去的人才會去談話性節目。

但你們不知道的是，拍戲是有腳本的，基本上照著腳本來八九不離十，但是通告的內容千變萬化，尤其是《康熙來了》這個節目，有可能主題是打麻將，但到了現場全部都在說其他的，所以其實你必須練就一身好本領，才有辦法隨機應變。反正我永遠忘不了那位演員藝人當時的嘴臉，一副就是為何要矮化自己！反正我從來不管別人怎麼說，我喜歡做的事我就是要去。

所以我就上遍各大節目，什麼主題只要是我可以聊的，我都很願意分享。講故事也是要做功課的，更重要的是你要拿出真實的自己跟觀眾互動，但我好喜歡做自己，拋開演員的一切束縛，我覺得我像是被放出來的籠中鳥！

我必須承認那是我人生最快樂的時期，又賺得到錢，有彈性的時間，又交到朋友，也是因為這樣觀眾開始更多的認識我（當然有喜歡我的，也有討厭我的），我又多了更多的工作機會，我還記得那時候有購物台，一開始我去的時候也有人跟我講一樣的話，你是一個藝人為什麼要去購物台？但我只覺得好用的商品分享給大家有什麼不對呢？我不得不說我真的走得很前面，因為從我開始之後好多人都去購物台！

後來又開始了好多業配，一開始接的時候也有人來跟我說，你為什麼要一直推薦東西？但問題是有好東西為什麼不能分享？那個時候臉書直播也開始了，我也會開直播跟大家分享東西，總之我做的很多事情，在一開始都很多人不看好，但我想跟你們說，那些會來對你指手畫腳的人，你相信我他人生真的沒有多大成就，因為如果他功成名就，他真的沒時間理你！

還記得我前面出唱片的故事嗎？後來因緣際會認識了唱片公司的老闆，也去試唱過了之後，我得到了出唱片的機會，我永遠記得拿到我第一張專輯的時候，我回想著當時的老師告說我這輩子不可能出唱片的畫面，我好想拿起電話打給他，跟他說：「你錯了！我出唱片了！」我就告訴自己，**這一輩子都不要被別人的話給左右，無論對方是誰都不要讓他對你的未來設限！**什麼這輩子不可能，我把不可能變成可能，還一口氣出了 5 張！這就是人生，我就是要證明我做得到！

再說回上通告，我知道很多人的心裡面都覺得通

告咖沒有什麼了不起，沒什麼專長，甚至人人都可以當！我想告訴你們在電視上說話絕對不容易！要把一個故事說的引人入勝、回味無窮，甚至還要當作是節目的預告或破口，絕對不是你想像的那麼容易，要讓一個人開心跟要讓一群電視機前面的人開心，差別是非常大的，會聊天也是一種技能，而且是很多人都欠缺的技能！

當疫情開始起來的時候，我記得很多人的工作都受到衝擊，包含演藝圈的許多工作，很多人的工作都停擺，因為不能群聚。只有一群人的工作沒有受影響，就是我們通告咖，我們還是照常錄影，甚至也會在家裡做線上錄影，所有的一切都關在家裡，我們還是有網路可以操作，直播照做、行程並沒有改變，這時候曾經看不起我們工作的人，竟然也開始上通告了，我也永遠記得他的嘴臉，我們是演員怎麼可以去當通告咖，我只想告訴他：「這裡這麼好玩，你怎麼現在才來！」

你的人生要怎麼過，千萬不要去問別人，因為如果他知道他為什麼要告訴你？

一個急著要教你怎麼過生活的人，應該先把自己的生活顧好！

王美職場生存錄

不要想去拷貝
別人的人生

華特音樂提供

王美職場生存錄

不用去羨慕別人的生活，除非你有他的本事！

過好自己的生活要靠自己的步調，千萬不要去拷貝別人的生活。我做的每一個決定，都是聽從我自己心裡的聲音，沒有半點勉強。

就像是我當初要開設自己的 YouTube 頻道，其實是因為我老公的關係，他說你怎麼不自己拍影片，開一個自己的頻道？我隨口回他說開頻道註冊完還要有自己的 Logo，我沒有怎麼開？隔天他就幫我做好一個 Logo（就是我現在 YouTube 頻道上面用的）。他跟我說：「Logo 做好了，你可以去開頻道了！」於是我就註冊了自己的頻道，開始找尋自己的團隊，一路做到今天就這麼簡單。

一件事情的成功，都取決於一個想法，還有身邊推一把的人，天時地利人和不就是這樣嗎？有人跟我說你運氣好好喔，剛好趕上這一波，我只想說我做的每一件事情，只是想反映我當時的內心，我知道有很多人是透過我的頻道才真的認識我，自媒體的好處就是你可以為自己說點什麼，所以現在社交媒體這麼發達，但很多人表達的卻不是真正的自己，每一天只為了排版、按讚數、粉絲數、瀏覽量，但我只想為大家帶來真正的快樂！

很多人問我如果不當藝人要做什麼？我沒有認真思考過這個問題，因為我覺得我現在做的很開心，還有更多的酸民會問到底有什麼才藝？我想說的是：「我可以給你滿滿的正能量，多到讓你想直接去投胎！」我想要把我一路上遇過很多莫名其妙的事，分享給你們，讓你們知道你們不孤單，你們也不是最慘的那一個！

說真的我也是一路遭受到滿多的批評，但獲得更多的是鼓勵，你也知道人就是這樣，我們對於快樂的事情總是容易忘記，讓自己不開心的可以記一輩子，所以我真心的認為如果有一群人打從內心都不喜歡你，他就是你這輩子最大的粉絲，因為他比你的家人還關心你，你的一舉一動、風吹草動都逃不過他的法眼，當然面對如此排山倒海而來的「愛」，我們無法婉拒，但也不能欣然接受，因為這樣太隨便了，所以我們一定要跟他們保持適當的距離。

我很謝謝那些因為不了解我而不喜歡我的人，比如說有很多的留言就是：「你看他那樣子我就不喜歡，不懂到底在跩什麼？他是誰呀？有什麼才藝呀！到底在自以為是什麼啊？我就不喜歡他……」之類的，這些好像你上輩子踩破他骨灰罈一樣的人，我真的無所謂這些人喜不喜歡我，因為他們不高興的點太低了，他們生氣的標準太低，我絕對不會是唯一一個讓他不喜歡的人。

CHAPTER 2

相反地，我更謝謝那些因為了解我而喜歡我的人，我太常被以貌取人，所以我從來不會這樣對別人，在這個圈子裡面交朋友不容易，也要小心，我也很常在節目上分享真心換絕情的故事，我這裡就不多說了，免得有人想對號入座，到時候請不走也麻煩！畢竟此刻他可能正在看著我的書，心裡面想著我是不是就在說他？是的臭三八！我說的就是你！

不要浪費篇幅給那些負能量爆表的人，我在圈子裡遇到了滿多貴人，更讓我清楚地了解正能量的可貴，基本上來說，想靠些小手段、蹭熱度往上爬的人也不少；或者是靠著清純無比的外表，的確在一開始可以呼嚨一些人，但時間長了，面具是會掉下來的。一直以來我這個「綠茶捉拿大隊長」當然遇過不少，但其實經歷多了也就見怪不怪。

我的一個醫生好友曾經跟我分享過一段話，他說：「很多人你根本不需要跟他生氣，因為那是基因出了問題，他沒有羞恥心！因為他不覺得他做的事情有問題，自然而然沒有羞愧感。」我立刻拍手鼓掌，沒有錯！這年頭不要臉的最大，相信大家一定有遇過在背後說你壞話，見到你又熱情地跟你打招呼，這種人實在是太多了，一定會讓人氣得牙癢癢。

我是沒在怕，畢竟我也沒少遇過這種人，我可是直接傳簡訊跟他說：「我知道你在背後講我，我傳這簡訊就是要告訴你，我跟你不一樣，我讓你知道我知道了！」當下這個假掰女也是不斷地跟我澄清說他真的沒有在背後說我，還說應該是別人吧，還說找一天出來講清楚，我可是等了 3～5 年了，中間遇過了好幾次，完全裝作沒發生過這件事情一樣，不是要講清楚嗎？

更厲害的是，如果旁邊沒有別人，他可是完全不會跟我打招呼，但是如果旁邊很多人，他就會非常熱情又大聲地說：「思佳姐好！」沒事！姐姐我也不是吃素的，我一定給她一個更燦爛的笑容，點點頭！這種就是段數最低的，演技需要加強型，因為表情已經出賣了一切！這種人妥妥的為了上位什麼鬼話都說的出來！人前人後雙面鬼，被抓到的就裝最無辜，可是演技真的不行，所以遇到我們這種大魔王只有陪笑閃邊的份！

其實在這個圈子裡，我從來沒有欺負過任何人，反而是我被欺負，很驚訝對吧！你們一定想哪個不長眼的，畢竟我長得這麼兇狠，但其實越是像我們這樣的人，反而很常吃虧，我們如果得到了什麼，他們就會覺得一定是我們使了什麼手段，我遇過太多不努力又出一張嘴的人，畢竟面對每一個工作我都很努力，當年拍戲的時候，我也被資深的化妝師扯過頭髮，嘴巴上邊說著：「靠長相有什麼用，有演技嗎？」真想給他看看我現在

的演技！但吃過虧是好事情，遇過鬼、撞過鬼就不會那麼容易受到驚嚇，反正最多就是無所不在假掰鬼、見縫插針裝逼鬼、凡事都要抱怨鬼、眼睛脫窗無辜鬼、死不認錯嘴硬鬼、記憶喪失甩鍋鬼、自我是啥牆頭鬼、人格分裂雙面鬼，當然還有終極大魔王「包鬼」。鬼見多了，自然就懂得怎麼驅鬼！

王美職場生存錄

被欺負，
其實就是
升級打怪的過程

CHAPTER 2

王美職場生存錄

關於怎麼進入這一行，其實眞的是誤打誤撞的！

小時候住天母的我，去頂好超市幫布蘭妮買東西，過馬路的時候被在勘景的廣告公司的人看到，他們給了我一張名片，讓我去試鏡廣告！所以布蘭妮成了我的經紀人，開始帶我到處去試鏡，後來我就拍了第一支廣告「可伶可俐洗面乳」當時是個非常知名的品牌，看似風光，其實拍攝的過程非常辛苦！

爲了拍攝必須一直重複不斷地洗臉，洗完再補妝、再洗臉、再補妝……重複不斷，到最後臉已經熱熱辣辣的，接下來還有洗臉的近鏡頭，一個架高的臉盆，雙手必須斜插45度下去再把水潑起到臉上，到臉上的同時還必須露出愉悅享受的表情，當年才16歲的我，就這樣重複不斷的潑水，最後下半身的衣服全濕了，就這樣經歷22小時，才終於收工！我眞的是累死了！

當時的我完全搞不清楚狀況的到現場，聽從指令的做完工作，才驚覺原來很辛苦但我竟然做完了！就這樣我解鎖了人生第一支電視廣告！也開始邊上課、假日邊試鏡的生活！

有一次試鏡，定妝化妝師幫我畫完妝的隔天，我早上起床整張臉腫得像豬頭，眼睛只剩一條線！但是我又沒有食物過敏，也沒有吃什麼不該吃的！馬上去看皮膚科，結果是接觸性皮膚炎！推斷是化妝品或工具不乾淨導致的！什麼鬼！定妝定成了大豬頭！醫生開了藥回家，結果有吞藥丸恐懼症的我發現有一堆藥丸要吃，整個人在客廳跳起豬頭操！死活不吞！布蘭妮在旁邊一直說不吃藥丸就當一輩子的豬頭！最後是愛女心切的小明律師幫我一顆顆壓碎成藥粉，讓我配水喝！大女兒果然是爸爸上輩子的情人，變成豬頭依然是寶貝！就這樣吃了 3 次藥我的臉才慢慢消腫！實在是太可怕了。

有了這次可怕的經驗，後來去試鏡我都自己化妝，就算畫不好我也不想再把我的臉交給別人！我會帶自己的粉底、蜜粉和粉撲！遇到化妝師要幫我化妝，我都會立刻奉上我的小化妝包，就這樣陸陸續續地拍了幾支廣告，又遇到好的經紀公司，開始拍戲的生涯！

第一檔戲就是棚內四機戲，對一個新人來說，要一邊演著、一邊走位、講台詞，真的是震撼教育！常常一進棚就是一整天，關在裡頭往往不知道外面是白天還黑夜。以前的手機沒有現在這麼發達，所以都是放飯時間打開棚內戲裡客廳的電視，才知道今天的新聞是什麼！

就這樣拍完了一檔又接了接檔的 8 點檔戲，我人生除了睡覺就是在棚內度過！每天都是布蘭妮帶我去拍戲，再接我回家！畢竟從小就被他保護得好好的，我也一直以為有他接送是很正常不過的事！我後來才知道，因為這樣導致有些人覺得我是大小姐，養尊處優的幹嘛要占據一個名額？回家享福就好！甚至覺得我就是吃不了苦，應該很快就會放棄！疏不知太陽獅子、上升處女座的我也是拚了！

曾經有一次我拍到凌晨 3 點多布蘭妮來載我，一走出攝影棚上車，我就說：「我怎麼左半邊身體麻麻的，怎麼會這樣？」他馬上帶我直奔急診室，一進去照了心電圖，胸口貼一堆儀器，怎麼都檢查不出原因，可是我的身體就是從中間切一半，左邊好麻，但右邊完全沒事！醫生也說不出什麼原因，因為數據什麼都正常，再加上我剛下戲頂著一個大濃妝，看起來超像剛從夜店玩出來，可是我人躺在那裡，一直不舒服完全不知道該怎麼辦！

就在這個時候布蘭妮突然看著我說：「你有唸阿彌陀佛嗎？」我就看著他然後嘴巴默唸：「南無阿彌陀佛」，就這樣唸了兩次，神奇的事發生了！突然間我左半邊的麻，從頭退到腳！感覺太清晰，忽然間我好了！我就看著他說我好了，布蘭妮跟我對看了一眼，他就把醫生叫來跟他說我沒事了！醫生跟護士真的是一臉疑惑，因為我前 1 秒還在

不停的說好不舒服，身體麻好難受，突然間像個沒事人一樣下床！我們兩個一言不發地從急診室走出來，到坐上車開回家我們都沒有說話，我想是這件事情太衝擊了吧！如果不是親身的經歷，有誰會相信呢？我只能說要是當時沒有他在旁邊提醒我，我不知道還要在醫院多久，後來我也沒有跟任何一個劇組的人提過這件事，當然也不想造成別人的恐慌！（如果是現在這時候應該就是開直播了吧，不分享不行了吧！）

總之拍戲的日子真的很辛苦！曾經 3 天 3 夜沒睡覺！同時軋 3 部戲，累到曾經有次進棚剛坐下，眼淚就流下來，但我卻沒有任何感覺，靜靜地流著眼淚，再默默地擦乾眼淚，接著補妝去拍戲！新人拍戲總是最早到、最晚走，有一次等劇本等到睡著，在電視台椅子上醒來，發現其他演員都離開了，我問執行製作，其他人呢？他回我：「回家等劇本了！」

我問他：「那我能回家嗎？」
他瞪我問：「你回家幹嘛？」
我說：「我想洗澡、洗頭，休息一下！」
他看著我面無表情的說：「給你 1 小時，你馬上回來！」
1 個小時？也太趕了吧！
「辦不到嗎？那就不要回去了！」

就這樣，我回家，頭仰後洗頭，保護我的妝容，睡覺維持同一姿勢仰睡，爲我自己爭取多一點點的睡眠時間，所以我練就一身洗澡＋洗頭不用 10 分鐘、不卸妝直接補眠，然後 1 小時後就能回到攝影棚的好本領！可想而知，除了我，沒有人回來！

「我回來了！」我像跟班長報到一樣找到執行製作。

「哦！回來了。」

「其他人呢？」不管我就是想問！

「其他人？還在休息！」他一副理所當然的表情。

「那他們休息到什麼時候？」我壓著怒火。

他說：「我會打電話通知他們！」

「那爲什麼不能打電話通知我？讓我也在家休息？幹嘛那麼早叫我回來？」

他看著我說：「因爲這樣我就可以少通知一個人！」說完轉身就走！

我傻眼～～～～～～～～什麼意思！！！
他的工作不就是通知大家？但這是什麼意思？因爲他必須
在現場等，所以少一個是一個？

我懂了，因爲我菜鳥，所以你可以這樣對我，我就是個因
爲沒經驗所以被老屁股欺負的倒霉鬼！但我感謝你，因爲
你使我永遠可以 30 分鐘整理完畢出門，睡醒妝髮依舊完
整可隨時上工，永遠第一個到等大家，才能看到你對待我
和其他前輩完全不同的二套嘴臉！你一定很辛苦，所以要
一個墊背的，也還好是我，因爲我還記得你～～～謝謝你
想讓我難受卻反而讓我成長！

升級是痛苦的，但是值得的！但我升級打怪的過程這只是
剛開始！

升級是痛苦的，
但是值得的！

CHAPTER 2

王美職場生存錄

如果你還在抱怨為什麼機會都是別人的？其實你還不夠努力，因為你還有時間精力抱怨！

我在工作的時候，是沒有痛覺的，因為就算衣服再緊，快不能呼吸，鞋子讓腳痛的快沒知覺，我們也是笑臉迎人。沒有為什麼，因為我真的很想帶給大家更多歡樂！

我知道很多人一開始沒那麼喜歡我，甚至沒什麼感覺，也許還會有人覺得我很兇、很有心機，但我真的不斷在證明我自己。

一直都是那個保有初心，只是升級了無數次，現在是可防守可攻擊還可以換配備的玩家了。從自媒體盛行，話語權自己可掌握時，就比較不會被斷章取義了！應該有很多人因為認識我而喜歡我，謝謝你們，因為你不僅重新認識我，也會因此重新認識許多人！

演藝圈真的不容易，除了要努力，願意多嘗試，運氣真的也很重要！而好人緣是一定要的，有倫理更是重要！

我出道的時候，是導演不爽可以三字經、七言絕句問候祖宗十八代的時候！我記得有次外景，有個演員明顯的沒背劇本，結果導演一句：「沒背劇本？你現在給我滾！」這演員也從此消失在這部戲！

而且看到前輩沒打招呼，沒先讓座給前輩梳化根本是大忌，在我們晚輩看來，這是基本做人的道理，我們也一直是這樣做的。但近年，看過幾次化妝間後台，年輕一輩、偶像團體、網紅小朋友，比我還資深的前輩進到化妝間，沒打招呼、不搭理，自顧自地嬉笑、包包衣物到處丟著占位，真的讓我捏把冷汗，我這阿姨的年紀，誰進來，我一定看一眼，如果是前輩馬上問好，看他們有沒有位子，這是基本禮貌，我還看過幾個，化妝間碰到也裝沒看到，進棚錄影現場才很大聲的問好，一副請安給全世界看的樣子！

說到這，我也遇過一個，在化妝間裡絕對裝做沒看到，但是只要旁邊人一多！立刻笑臉說：「思佳姐好～～」一副陽光少女無邪樣！我也不是吃素的！微笑滿點的笑容回給她。

其實這些真的都很不會做人！因爲禮貌和謙卑才是成功的主因！尤其這個圈子變化之快，一堆傲嬌的最後也很容易折翼了！有家教的和別人相處應對的，才會成功！我還看過，只會跟經紀人對話的！好像自帶防火牆，看不到也聽不見其他人，不管別人說什麼，只會對著自己的經紀人回應！真的有夠狂的……只差沒搬龍椅來坐！

雖然排場對藝人來說真的很重要！但如果你自己撐不起，真的就糗了！

有次女藝人 A 女去看秀，拍完照回到座位發現位置被 B 女坐了！當下請 B 女坐回自己的位置，但 B 女先盛氣凌人的回是她的位置，然後就轉頭不理，A 女及其他人原本還想說什麼，結果已經暗燈，只能先行往旁邊坐下，結果 B 女就把包包往旁邊又占了一個位置，所以 B 女一個人坐了兩人的位置，其他人只好往後擠在一起坐！看到這裡，你們是不是覺得 B 女好敢！爲了想要的拚了！是不是很帶種？ A 女是不是有點卒仔？爲什麼不把包推開，直接坐下去？

事情的後續是，秀結束後，現場的公關也上報此事，設計師本人也知道了，而設計師根本不知道 B 女是誰，是底下

的團隊找來看秀的，而 A 女是設計師本人邀請，還穿著訂製服，當然被安排在好的位置，但因為 B 女想上位的一番操作，直接變成黑名單，不知道 B 女如果知道因小失大會不會氣的吐血！

工作中有太多這種人，爭 C 位、出奧步，想要短暫的占有不屬於自己的東西，也不管別人的眼光，吃相真的滿難看的，低端的操作可說是段數低的被看破手腳！

所以不要覬覦不屬於自己的人、事、物，因為看似擁有也只是夢一場！還不如強大充實自己，光明正大的坐上自己的位置！

很多事情都說明了演藝圈水很深，事實上只要你泳技好！能自救，沒泳圈也溺不死，反而是那些出張嘴的，常常都經不起考驗的，想進這行嗎？先學會鴨子划水吧！

藝人和媒體的
生存遊戲

王美職場生存錄

打從開始拍戲，其實就滿辛苦的，既不是科班也沒有經驗，能夠做的就是一邊活著一邊拍著。因為你得先看懂這個遊戲，才有辦法生存，能夠先學如何活著，才有辦法拿起武器，慢慢開始加入這個遊戲。

當然也是在這個時候體會到了媒體的力量！在那個時候1、20年前，哪有什麼自媒體？也就是說媒體才是操控你生死的人，你有點關係、公司有點背景，你放心，絕對好話連篇！

相反地，如果人家看你沒有，覺得你也不是什麼有錢人，沒什麼背景，或者是頂頭上司對你沒什麼好感，也不見得是討厭你，但就是沒好感，大手一揮，再幫你加油添醋，多寫一些形容詞，報導就會是鬼話連篇！

獅子座的年輕氣盛就是，我管你是誰？我們就是不接受亂寫的謊言。所以我告過記者！那時候一堆人勸我幹嘛跟他們槓上，我甚至還被威脅過，以後絕對不會再有我的新聞！講難聽一點，就是被封殺！

我當下就覺得誰在乎啊？寧可不要寫，也不要被亂寫！當然最後這件事情還是得要解決，在其他人的勸說下大家各

退一步，但其實在我心裡，我當然還記得這件事！各退一步的原因也很簡單，是因為當時被放話說，如果我一意孤行的話，那麼其他跟我有關係的人都會遭殃！你針對我一個人沒關係，但你拿無辜的人開刀，我實在不願意別人因為我而被牽連，所以選擇各退一步！

但你以為這樣對方就會放過你嗎？不會的。
職場就是這樣，不是不報，只是時候未到！

之後幾個被我告過的人，流竄在各個媒體。有些時候我讀完了報導，看到撰文者的名字，我內心就會一陣冷笑，我就知道是你！畢竟帶著仇恨的字句，太明顯了！

有的時候想想，到底是他個人對我有怨恨，還是上司給他的壓力，讓他覺得此仇不報，以後在公司抬不起頭？也就是說這份工作，事實是什麼不重要，誰跟你好就寫誰好，誰跟你不好，絕對沒好話！我人生最懶得跟這種人打交道，因為我忙著過自己的生活，沒有時間去討好，去交際應酬這些人！畢竟事實在他們眼中連狗屎都不如，所以很多新聞，其實你仔細看，如果一篇文章裡面有很多情緒性的形容詞，把這些都去掉，整篇文章根本就沒重點！所有的重點都在他營造的氣氛，這種文章就是硬寫出來的！為

什麼？因為長官不爽他，所以就叫底下的人發揮長處開始
編劇，從角色代入到情緒起伏，寫的好像記者本人身歷其
境，又或者似乎被當事人靈魂附體，才會有這一篇沒有事
實只有情緒的文章。

相對的有些文章無聊至極，用字遣詞很精準，但很簡短，
你就會知道這個新聞其實不能報，但是如果不報很奇怪，
所以就要這樣簡短帶過！看似有交代，但其實在打太極
啦！這種就是高層有打過招呼了，請高抬貴手輕輕放下！
記者收到指令，就必須用最短的篇幅，看似有交代，其實
明天這個新聞就沒了！

還有一種最好笑，我每次看每次笑，就是極盡吹捧、拍馬
屁。用一大堆神仙形容詞，從頭捧到腳，從外貌捧到內在，
彷彿是粉絲對偶像的表白信，彷彿在發一篇好人好事代
表。這個就是和上面的長官關係特別好，每一篇報導都是
友誼的見證，交情的寫照！就是有我在絕對只有好新聞～
深怕人家不知道他們有多好。

這種我超愛看，而且這種捧的點永遠都差不多，幾篇放在
一起看，不要看日期，你根本分不出前後順序，彷彿有一
個吹捧公版，大家只要套入姓名時間地點，整篇文章即可
生成。

沒錯，這個就是以前的媒體環境。其實現在也是差不多，只是好加在現在有自媒體！還有一個地方，可以爲自己發聲！這是件非常重要的事情！因爲你不再那麼被動，至少還有一個地方可以眞實說出自己的感受。但是！如果沒有看過自媒體的東西，只看過傳統媒體移花接木，惡意剪輯的影片，說眞的，這就是別人偷你的東西來攻擊你呀！

但我還是很開心有自己的頻道，常常收到很多私信，好多人來告訴我，以前有多不喜歡我，看到以前的節目呈現，以爲我是很難相處的人，自從看過了影片，才發現原來眞實的我，跟他想像的很不同！我其實很開心，**因為了解一個人而喜歡，這個才是我們要做的事，千萬不要以貌取人，也不要從別人的口裡去認識一個人，一定要保有自我判斷的能力！**

還有很多人來告訴我，看了我的影片，讓他走過人生的低潮，告別過去，斷開渣男，甚至勇於展現自己的喜好、穿著，不畏懼他人批判的眼光，開始喜歡自己、做自己！還有人私信我，說他心情憂鬱看醫生多年，只有我的影片讓他笑出來。**我想要在你們謝謝我的同時，也謝謝你們！謝謝你們讓我更堅定的相信，文字可以鼓舞人，而快樂也可以很單純！**

我就愛
當通告咖

CHAPTER 2

Photographer ／沐比專業攝影 mon bébé photography
服裝／Diosa 蕾絲。紗 手工婚紗 Makeup・Hair／吳志竑

王美職場生存錄

我喜歡綜藝節目，樂於當一個通告藝人，甚至在 YouTube 分享一切。

因為我深信，經驗的分享一定可以影響甚至激勵改變其他人，看我的經驗和過程，就像看電影一樣。真的會身歷其境，讓你閃掉人生中很多絆腳石。

有次在路上遇到一位媽媽，她說：「你渣男的影片我給女兒看了！天啊，說的太好了！我當年如果有看到，現在就不一樣了！」如果能因此讓很多女生逃離渣男，重獲新生，我致力成為渣男剋星！

身為藝人，其實也是普通人，我們只是活在放大鏡下，一言一行除了被放大，還會被配旁白、放醜照，說的話被扭曲解讀，影片被二次剪輯加料，甚至連直播都會被後製成搞笑版本變成媒體的流量，沒人管你喜不喜歡，反正藝人就是要可受公評。你要出現在電視上，我為什麼不可以批評你？我不只要在家罵你，朋友群組譙你，我還要去你粉專和節目影片下方，任何網路媒體可以留言打字的地方，瘋狂輸出我對你不喜歡，你最好不要封鎖我，不然就是小氣沒度量，我言論自由我攻擊你我爽，怎樣？

我就是不喜歡你，不想看到你，但我就是要去每個你在的節目下方，鍥而不捨的把你逐出地球表面，因為你前世搶我男人、踩我骨灰罈、長的像我夢裡出現的人、對你的討厭是我活下去的動力，不把你除掉我此生不快活！

我上輩子一定讓你愛不釋手，所以你這輩子用鍵盤回報我；上輩子一定狂在你耳邊吹枕頭風，所以你這輩子聽見我聲音就翻白眼；上輩子一定跟我勾勾手三生三世十里桃花，結果這輩子沒有我宛如末世氣沒處發。

沒錯！身為公眾人物就是這樣，所以喜歡我的人，我們一起珍惜今生的緣分，至於那些莫名就看我不順眼的，慢走不送，你忙你的，你要不高興不開心，麻煩你自己消化，消化不良，不要來找我，我沒有良藥只有毒藥！所以不要愛看又愛罵，被封鎖了又哇哇叫，你不肯承認對我的愛，又要來打探我的事，偷偷關注我，對我指手畫腳，如果我不順你的意又不開心，這不是恐怖情人是什麼？

正常來說，遇到不喜歡的人，你的反應應該是什麼？敬而遠之才對吧！看到就頭痛，想到就心煩，恨不得眼不見為淨！

可是你會發現很多人有一種通病，就是嘴上說著不想看到這個人，但為什麼按不下封鎖鍵，難不成不會使用這個功能嗎？就輕輕按下去，煩惱瞬間解決啊！從此再也看不到啊！為什麼不按呢？然後又要怪對方一直出現。那你幹嘛一直用手機？那你為什麼不封鎖？

無法控制自己的情緒和雙手，在瘋魔的狀態之下，趁上班的空檔、上廁所的瞬間，吃飯的時候用單手，睡覺前也要看一眼。在網路上不吐不快，說出自己的心情！結果發現被封鎖了？就晴天霹靂無法接受。發現這種單向的情感輸出，竟然此路不通了。有如遭遇人生最大的挫折，無法接受的挫敗，全身都不對勁，積極一點的開一個小號，脆弱一點的到處鬼叫著自己被封鎖了，然後說為什麼我不能說實話？為什麼說實話時候就封鎖我？

重點是……為什麼你說的別人就要聽？我媽跟我說的話，我都還會選擇性的聽，請問這個跟我沒有血緣關係，並無一面之緣，此生緣薄，注定沒有交集的關係，為什麼要強求呢？封鎖是我對你做出最仁慈的決定，也是斷了你的念想，讓你好好生活，把心思放在自己身上，說起來也是功德一件！

但現在的人總是喜歡用自己的方式去表達愛恨情仇，下意識地希望對方可以全盤接受，這種只想到自己的感受而強加在別人的身上不就是自私嗎？？

沒有錯，你會有忠實粉絲，也會有暗黑狂粉，無論你是不是公眾人物？只要你有社交圈，你就會發現，當你越沉浸在享受做自己的瞬間，想要無憂慮的展示自己的喜好，一定會有人告誡你、說服你、情勒你、碎嘴你、詆毀你，這些人就是把你看得比自己還重要。

這個時候你就要知道你的存在，多麼讓人魂牽夢縈，你要開心，你要理解他們，而不會過多懷疑自己，大家對於自己做不到不想做的事情，只要看到別人出發了，就會先質疑別人，而不是反思自己為什麼還在原地？

說別人壞話，好容易！讚美的話，一句也說不出來，為什麼？因為嫉妒爬滿臉、占滿心啊！

你看他啦，一定又去整容了！
你看他啦，每天出去玩，錢從哪裡來？
你看他啦，那條件怎麼有人喜歡。

你看他啦，心機一定很重！

你看他啦，每天穿那樣要幹嘛？

你看他啦，長那樣我就是不喜歡他。

你看他啦，裝什麼可憐呀！

你看他啦……到底要看什麼看？

為什麼要一直看他，為什麼不看別人？

我從小到大，遇到這種「你看他啦」症候群的女人，我多到手指都數不清了，嘴巴不說別人壞話就很難受，嘴裡塞滿的食物還可以繼續說。應該在夢裡也還在講吧！下十八層地獄泡在油鍋裡的時候也還在說吧！累不累？他不累，我怎麼會累？我從來都不覺得被別人在後面說什麼我會累。

一個人願意花那麼多心思心血時間精力在你身上，你一定有他這輩子都想得到的 magic power！以為摧毀了你這個能力就會到他身上，是在打電動嗎？把別人打死了裝備就歸你了是不是？做夢吧？我遇過很多很多，想搶我工作的、想搶我男人的、想變成我、想取代我的人，太多了～～～～～

我想說的是，我所有的一切都是努力得來的。不是靠肖想得來的，我從不需要靠傷害別人、中傷別人、造謠別人來贏得任何一個機會。每一個機會、每一個工作，我都是實

至名歸。沒有看到我為工作付出的努力，只是一心質問為什麼是我？因為我比你努力、比你認真、比你用心，工作本來就很現實，難道你在辦公室，老闆請了那麼多人，彼此就沒有競爭嗎？

當然，有的人喜歡咬耳朵，不好好工作，只想要把別人拉下來，這種人太多了，沒本事但很會生事，成不了大事只會鬧事，出事都說是別人的事！這種人跟蟑螂一樣多，遇到的第一次會尖叫、會有陰影，多遇到了幾次就會淡定，你甚至會開始想滅蟑的方法！你會從消極的逃跑轉為積極的應戰！那你就成長了！飛舞的蟑螂也只是虛張聲勢，他比你還害怕，而你在害怕的瞬間，還是會鼓起勇氣打死那隻蟑螂，這就是你的本事！不畏懼不閃躲，正面殺敵！願我們都有殺蟑螂的勇氣和武器。

哪裡都有蟑螂，蟑螂到哪都能活，他活在你光明人生中的陰影面。算了啦，陰影給他，Spotlight 我們留給自己，千萬不要一般見識，浪費自己時間，蟑螂要想辦法努力存活，而你只需要閃耀的活，記住了……你可是連蟑螂都能殺的女人，比很多男人還強。

BES

究竟是知心閨蜜還是心機綠茶？
王美分享識人獨門祕技，
選臉臭的那個人當朋友就對了！

CHAPTER 3

王 美 識 人 術

TIE?

選擇朋友
魔鬼藏在細節裡

Project ／何雅萍　Photographer ／韓爵蔚　Makeup‧Hair
／吳志炫　Stylist ／葉璟毅　Illustration
／ redlouise_illustration　Editor ／唐蓉　服裝／ VERSACE

王美識人術

從小布蘭妮對我交朋友有很嚴格的標準，常常跟我說，有些人她一看就知道，沒有辦法當朋友！說真的我小時候都覺得，他只是不喜歡我交朋友，希望我專心念書！

我記得小時候有一個同學來家裡，我跟他在房間聊天，布蘭妮進來看到這個女同學坐在我的床上，馬上臉色一沉，同學走了之後跟我說：「這個人不能當朋友！」我整個超級傻眼！馬上問她為什麼？布蘭妮說：「一個人去人家的房間，一屁股坐在別人的床上，這是沒有家教的行為！床是一個人很私密的地方，不乾淨的衣服和褲子怎麼可以隨意地坐在床上！你以後去人家家也不可以這樣！」

我當時只覺得她小題大做，太誇張了吧！坐床上有什麼不行？有什麼不對？直到後來發生了一些事，我開始發現這個同學是個雙面人，會在背後說閒話！雖然心裡發現布蘭妮是對的，但嘴上我可不願意承認。

那個時期，布蘭妮只准許我去一個同學家玩，那個女同學是唯一一個布被蘭妮認可的朋友。我問布蘭妮為什麼？她回答我說：「這個同學家教很好，很有禮貌，妳可以和她當朋友，要多跟人家學習，一定以後很有出息！」
說真的，我不得不說我娘真的很厲害！這個她唯一認可的

同學，在偶然的機會我們又相遇了，她真的事業有成、家庭和樂！根本人生勝利組！

當時以為很親近的朋友，布蘭妮都直接打槍，你一定也像我一樣抱著不信邪的態度，不斷地挑戰，然後不斷地驗證媽媽說的是對的！很多人、事，長輩看得清清楚楚，彷彿照妖鏡一般！直到現在我也有照妖鏡的本事，但這當然是經歷過很多事情，你才會真的弄清楚所謂朋友的定義到底是什麼！

不同時期的朋友大部分都只能留在那個時期，只有極少數能夠進化到下一個階段，就像有些感情一樣，時間到了必須要畢業！

當然也會有少數的朋友能夠一路陪著你直到出社會，這種通過考驗的朋友實在不容易，如果能擁有一起成長的朋友，那你是個很幸運的人，如果沒有，其實真的沒關係，就像真愛一樣，在什麼時期出現不重要，重點是出現的時候你是否能好好把握？

男生和女生的友情完全不同，女生沒有什麼不打不相識的故事，兩個男生互毆完了之後，能夠立刻坐下來一起喝酒，我沒聽過什麼兩個女生互相扯完頭髮之後，能夠和好如初去吃下午茶！女生友誼的小船，經不起太大的風浪，為了求生，犧牲對方是很正常的！

我念書的時候，女生朋友真的不多。還記得高中的時候，我念的是女校，你也知道一群女生在一起就是很 drama，我是一個神經很大條的人，不太會特別注意身邊發生了什麼事，也不是一個愛搞小團體的人，根本不在意要不要加入什麼團體的。

有一天班上一個女同學下課聊天的時候問我說：「明天那個聯誼，你要幾點去啊？」

我抬頭看她：「什麼聯誼呀？」同學驚訝的看著我：「明天要跟 xx 高中的男生去聯誼，你不知道嗎？」我回答：「我不知道！」

我才知道原來要去聯誼的那一群女生，自己組織一支隊伍但是並沒有邀請我！其實我真的不是很在乎，但是我從那一刻開始明白，小團體是這樣弄的，我同學問我要不要去時，我就說人家又沒請我，幹嘛去！

我會覺得不開心嗎？當然不會！因為就算沒有找我去，也不代表她們一定會聯誼成功，而且沒有找我去還沒有成功，感覺應該更嘔吧！？女生的世界就是這樣的，聯合次要敵人打擊主要敵人，能除掉一個是一個！只是活到最後的人可能也不會勝利。

我還遇過另外一件事，我有一個女生朋友參加吉他社，我當時參加別的社團，就是那種很閒，又可以有分數的那種社團，我忘了是什麼，反正就是別人忙著練才藝，忙著考試的時候，我只要人出現就好！我當時和認定的這個好朋友，都一起坐公車上、下學，她比我先上車，我在她後面兩站才上車，我們就會一路坐到學校。

過了半個學期，她突然跟我說：「你要不要跟我一起參加吉他社啊？」
我回答說：「我又不會彈吉他，更何況都已經下學期了，我參加要幹嘛？」
她看著我說：「我們不是好朋友嗎？我們都一起上課、一起放學，一起去上吉他課不是很好嗎？又可以多一個共同點，而且真的不難啦，我會教妳，我們這學期也沒有教很多啊，你現在加入不會太晚啦！我幫你去跟老師說，你不要擔心！」看我朋友這麼需要我的樣子，獅子座的我就同意了。

於是我回家跟我媽說要學吉他，她翻了一個白眼說：「算了吧你！」我就盧她，說我都答應朋友了，怎麼可以失信於人呢？好說歹說地說服她買了吉他給我。我記得那把吉他好像將近 1 萬元。

然後從那天開始，每個週末我都會跟我所謂的好朋友一起，一人拿著一把吉他坐公車。去吉他社的第一堂課，我就傻眼了，什麼沒有教很多？一大堆和弦，社團裡每個人都彈的很好，只有我什麼都不會，更何況我朋友沒有告訴我彈吉他指甲要剪很短，我的天啊！第一天我就快瘋了！而且我的手真的好痛，也沒有人告訴我手指頭會磨出繭！眼睜睜看著我的朋友按著輕快的和弦，順暢的彈奏一首歌，我跟個傻瓜一樣坐在那裡什麼都不會，老師還以為我這個下學期才自願加入的同學應該不是個神童，就是早有基礎！殊不知我根本就是個吉他小白，什麼都不會！

於是每個禮拜六就成了我最痛苦的日子；出門扛著一把吉他坐上公車，放學還要再拿回家，更何況程度差人家那麼多，需要花更多時間練習，我真的覺得我上了賊船，當初承諾要教我的同學，我去找她練習，她還要教不教的！

有一天我忍不住問她：「你不教我，幹嘛叫我加入啊！」

她看著我說：「我只是不想要只有我一個人帶著一把吉他去上課，我想要有人跟我一樣！」真的是你老師的！原來她只是每一天跟我坐公車的時候，看到我這麼輕鬆的去上學，而只有他一個人拿著一把吉他孤單寂寞覺得冷，所以決定要我也加入跟她一起！

我就問說：「這是你自己喜歡的不是嗎？你幹嘛要覺得辛苦啊！」
她說：「我就不想要一個人帶著吉他呀，你不是我好朋友嗎？陪一下會怎樣？」
「不會怎樣啊！我就是不想再陪你了！」我就是這樣回答的。

回到家之後我看著那把吉他，內心就在想，為什麼？為什麼覺得朋友就要一起吃苦，為什麼自己苦的時候一定要拉別人下水？如果今天換作是我覺得很辛苦，別人要做我一定會阻止，而不是勸說別人跟我一起辛苦！當然我有需要自我檢討的地方，因為別人的幾句話就決定要加入，我自己也是耳根太軟了，但我開始明白，很多時候你的輕鬆自在，會讓已經有壓力在身上的人覺得很不高興，雖然我始終不明白快樂真的要建築在別人的痛苦上，有什麼道理？

BESTIE

後來我當然是遠離了這個同學，畢竟這種自私的人，我是
不會再理會了，吉他也跟她一起掰掰了！

念書的時候真的都是這些小事，但這些小事會影響到出社
會之後，別人會對你做的事，我其實很慶幸我在求學時期
就遇到了，這些經歷也幫助我之後出社會能夠多一個心
眼！

碰到海灘妹……
就吓她呀！

CHAPTER 3

婕洛妮絲提供

由於有一個布蘭妮這樣從小灌輸「爲什麼要跟別人一樣」觀念給我的母親，長大後，我出席各種場合，永遠是最隆重的那一位，因爲我習慣打扮，習慣出門就是一整套，那就是我的日常。

想當然一定有一堆海灘妹在背後碎嘴：「誒，你看她啦！穿那樣給誰看啊！」、「好扯喔！每天都這樣到底要幹嘛？」既然是海灘妹一定會在你面前稱讚你啊：「哇 baby ！你穿這樣好美喔！」、「怎麼這麼正啊！」我怎麼知道的？？

其實王美有讀心術啦～～～不是！王美技能～讀唇術！！沒錯我在跟海灘妹從對到眼，到走過去的路上，一群海灘說的話我已經全讀完了。畢竟我從小訓練出來的！所有的演技在我眼中，都是浮雲，海灘妹最喜歡盯著人看，然後嘴巴邊跟旁邊的人碎嘴你，然後當你走到距離他一個肩寬時，立刻擺出 JOKER 般的笑容歡迎你。

我就遇過一個裝熟海灘妹（後面就稱她五分妹）超愛在背後說人壞話，每次都是人前人後兩個樣，一邊說著：「好久不見囉～最近好不好啊？下次約……」

轉身都立刻說：「怎麼又遇到他啊～誰找他來的啊？」

曾經有一年我在夜店辦生日 party，我跟朋友一路從晚餐開始慶祝，最後到了包廂裡，五分妹突然出現，看到包廂裡有認識的人，馬上鑽進包廂擠到中間，身為壽星的我，滴酒不沾，火眼金睛看著一切：

「Hi ～ Sophia，好久不見耶～」皮笑肉不笑的假問候，轉身馬上跟我朋友說：「Sophia 在這幹嘛啊？」我朋友馬上回他：「這是她的生日 party！」五分妹聽完只說了一個字：「喔！」然後繼續留在包廂裡！！！！！

我朋友馬上跟我說這件事！我就看著那個五分妹死賴著不走！一直喝包廂的酒！明明知道是我的生日包廂，沒有對人說生日快樂，還繼續裝傻～～朋友走過去跟他說：「你來喝壽星的酒，有跟壽星打招呼嗎？你有跟壽星說生日快樂嗎？」五分妹說：「沒有啊～我想說只待一下下就走……」結果她給我從頭喝到尾！臉皮史上最厚！但這樣的女生真的非常多，我總是靜靜看著他們裝逼！

還有一種女生一定要特別小心，我稱他們為「迅猛龍」！拉丁文中的意思「敏捷的盜賊」：

外型—— 火雞般的大小 （個頭嬌小，看似無害）。
特色——一眼瞬間，一首歌的時間獵物到手！

迅猛龍絕對不會管獵物同不同意，基本上只要他餓了他就可以獵食，但有的時候他不是真的餓，他只是純粹的不想要別人吃！基本上只要是別人喜歡的，他一定會出手。

跟大家說一個發生在我朋友身上的「迅猛龍獵食記」：

有一次在一個聚會裡，美美和一群朋友一起唱歌，後來她的朋友迅猛龍也來了，當時有一個男生一直對美美獻殷勤，迅猛龍就問美美：「那個男生是在追你嗎？」

美美沒有多想就說：「對啊，他最近很常約我出來 ！所以我還在觀察他。 」
迅猛龍繼續追問：「你喜歡這個男生嗎？你覺得他怎樣？」
美美不假思索地回答：「我覺得還不錯！」
迅猛龍興致來了 ：「哪裡不錯？你喜歡他哪裡呀？」
「感覺滿貼心的啊對我很溫柔！」美美說完這句起身就去點歌 。

點完一首歌，美美一回頭 ，竟然看到迅猛龍正在和那個男生舌吻 ！！美美當下整個看傻了，這是什麼神展開？

Project／何雅萍　Photographer／韓爵蔚　Makeup‧Hair／吳志竑　Stylist／葉璟毅
Illustration／redlouise_illustration　Editor／唐蓉　服裝／VERSACE

王美識人術

你們是不是覺得男生很渣、很隨便，誰都可以？不是我要替男生說話，當下那個男生其實喝得非常醉，現場其他目擊者說，就在美美一起身之後，迅猛龍立刻坐到獵物的旁邊，男生已經喝醉半閉著雙眼，迅猛龍貼著獵物說了幾句話之後，突然發動攻擊，直接拿舌頭狂甩對方，男生完全是閉著雙眼！那畫面就是有一種姥姥吸食獵物的感覺。

美美完全看傻眼！當下覺得一陣噁心！先是覺得男生很瞎，明明說喜歡自己，結果竟然一首歌的時間就在和別人舌吻！再看看迅猛龍覺得更低級，首先迅猛龍也認識這個男生，但完全就不是迅猛龍的菜！但是迅猛龍卻只因為看到男生對美美有興趣，獵食的本性馬上上來，管他是不是自己的菜，先吃了再說，占地盤、做記號、直接啃食！事後迅猛龍竟然還裝無辜，跟其他人說：「大家見過幾次面，他不是喜歡我朋友嗎？怎麼那天他會跑來親我？」

隔天男生打電話給美美，男生完全不知道自己成為迅猛龍的食物！美美也不想聽解釋，只覺得他們兩個都很噁心！

半年多後有一天，美美和其他女生朋友聊天，才驚訝的發現原來迅猛龍不止一次對朋友身邊的男伴出手過，而且只要是別人喜歡的、有興趣的，迅猛龍就會立刻當場坐在男

生的大腿上，一整晚不離開，想想看，喝了一整個晚上的香檳，竟然都可以不用尿尿，我只能說迅猛龍的身體構造真的異於常人！

這種你要我也要、不吃白不吃的心態，真的讓人匪夷所思！甚至有幾次，已經擺明了是要幫朋友介紹，迅猛龍也會裝出一臉樂見其成的樣子，但一到現場就直接坐在男生大腿上，不論是被坐或旁觀的人，都當場傻眼！

迅猛龍的強項就是絕對不尷尬，一整晚大腿坐好、坐滿，像沒有骨頭一樣，不管男生到最後有沒有喜歡她，但可以肯定的是，就算他自己最後沒得到這個男生，其他人肯定也不要了！因為有骨氣的女生，誰會要別人碰過的！這就是迅猛龍最厲害的一點！任何人先處理再說，反正別人也要不了！標準的屍骨無存！

所以說，**挑朋友真的要睜大雙眼，仔細觀察，不要引迅猛龍入室！**

朋友可以同甘，
未必要共苦

王美識人術

很多人覺得朋友就要同甘共苦，我其實並不這樣覺得，很多苦其實有沒有人陪著，自己都是得承受著，沒有道理拖朋友一起苦就會比較好受吧？我們常常在失戀或者心情不好的時候，就會叫上一群朋友，希望對方陪你哭、陪你笑，偶一為之，或許還可以，但只要心情不好就要拖著朋友，這不是就把朋友當成人肉垃圾桶嗎？這也太自私了。

我記得剛出道的時候，有一個好朋友，也是圈內人，我就不說是誰了，但他看到這個故事一定知道我在說他（啾咪），有一天拍戲工作好累，晚上就躺在他家門口的一個躺椅，就是在路邊然後一整排的路燈，睡眼惺忪的邊聊天、他邊喝著啤酒，我們就這樣從椅子上躺到了地上，我酒量很差，喝了兩口啤酒，就有點醉意，我跟他說：「誒～～太陽怎麼那麼大？」他睜開眼睛問我哪有太陽？我抬手一指他就笑了，他說小姐那是路燈好嗎？我們兩個人就笑到在地上打滾。

對我來說，一個在對的時間點用對的方式陪伴你的人，你們就是那個時候最好的朋友，雖然現在我們可能不是彼此最親近的朋友，但是我心中永遠有這個回憶，永遠記得那個路燈、那個躺椅。現在他也不住在那裡了，但是我每次經過的時候，都會想起這件事，**友情就是在做朋友的路上，陪著你一起在里程碑上插旗、一起做一些荒唐的事、**

一起對看的時候，心領神會的眼神，我想這就是所謂的朋友！

現在人最喜歡說的是閨蜜，一個朋友階級中的最高境界，宛如選美皇后般的等級，如果你被說是一個人的閨蜜，你就像拿到一個獎牌，一種被認證的感覺，我在《王美頻道》裡面分析過閨蜜這件事（有興趣的人可以去看一下），閨蜜是雙向的，不是一個人單一的認為對方是你的閨蜜，而這件事情就成立，就像一段感情必須要互相喜歡，才有辦法交往，但交往的過程當中一定會交換祕密、發生爭吵，拿著彼此的祕密互相傷害，可能有原諒、可能撕破臉！總之閨蜜就像是一個知道你所有的祕密，手上又拿著一張評分表的人，他手中的分數可能就代表真正的你。

一個人最好的閨蜜應該是自己，因為自己不會傷害自己、出賣自己，但現在人很喜歡給別人閨蜜的標章，受到傷害之後又覺得對方背叛了自己，覺得自己掏心掏肺，卻真心換絕情！身為女生我們都很清楚，很多大家自以為感情很好的閨蜜，其實都很常互相說對方的壞話，只是說完了之後，又會裝沒事地繼續一起行動，為什麼呢？因為大家都覺得他們是好朋友，如果他們不好了，就會有人去問發生了什麼事？

就像任何一種健康的感情一樣，你跟一個人的交往如果步步緊逼到沒有空間，很容易會讓人厭煩！友情也是一樣的，我覺得真正的朋友是要有距離的。一個人只能和你當最好的朋友，出去任何地方沒有約你，那他就是不夠朋友，如果你跟誰出去他就會不開心，這樣的友情是不正常的，我沒有辦法理解這種關係，還有朋友甚至直接告訴你，希望你不要再這樣，因為他會不開心，重點來了他會不開心！也就是說，你們的這段友誼必須要讓他開心，我沒有辦法跟這種朋友相處，因為朋友應該是希望彼此都開心，絕對不是一個人的討好。

我更不喜歡一群人在一起的時候，有人說了沒有到的人的壞話，結果隔兩天他們就一起打卡出去喝下午茶，頭腦有問題嗎？還是跟魚一樣只有的 7 秒的記憶？這種不是友情！這種都是浪費時間的虛偽交情！

真正的朋友不用天天聯絡，有的時候看到一個東西想到的那個人，傳個簡訊聊幾句，放彼此回去原本的生活，這才是友情！

有多少女生有好多小團體，只要有人起了一個局沒有約他，就會覺得被排擠了，沒有人約你，你不會自己起一個局嗎？為什麼都要等別人來約你，為什麼別人一定要約你？**我真心希望現在的女生都勇敢一點，面對那種很愛起局排擠別人的人，我的建議就是取消追蹤，不用看、不用往來！**慢慢地你會發現很多朋友當你不再見他們的時候，人生會很輕鬆，因為他們總會說著一樣的話，犯著一樣的錯，永遠那些人、那些話題，彷彿他們還活在年輕的時候，彷彿他們看著彼此就覺得自己沒變老！

人要往前走、向前看，我的意思不是要大家丟掉年輕時的朋友，而是要認清楚什麼朋友才叫真正的朋友。我自己交朋友的標準，從來不看一個人有沒有錢，而是看一個人有沒有家教。要在發生事情的時候，能夠設身處地的替你著想，而不是表面上告訴你覺得你真的好委屈喔，然後假裝沒他的事。

家教是什麼？就是從小培養的價值觀和是非對錯的觀念，尤其有了小孩之後，我必須告訴你們，很多的朋友請你速速斷捨離，因為你會在不知不覺當中教壞了你的小孩，因為很多是非不分的父母，教出來的孩子也是一樣的，你的小孩跟他的在一起玩，就會被影響！所以當我生了孩子之後，很多人我果斷不來往，你問我覺得可惜嗎？決不，我只覺得莫名的輕鬆，**斷捨離非常需要用在人際關係當中，交朋友不能有任何的勉強**，看著一群人你不覺得開心，請你立刻離開，年輕的時候只怕沒有跟到的局，長大了之後你可以很清楚的知道，你不用去都知道這個局好不好玩！

不用害怕少參與了什麼，而是要慶幸避開了什麼！

遠離血蛭般
的朋友

什麼樣的朋友可以交？

很多人在學生時期的朋友一路到出社會，這麼單純的友情是因為沒有利益的牽扯。還會有很多認識多年的好朋友，知道很多你以前年輕的糗事依然對你不離不棄！當然是很開心的一件事，畢竟誰不喜歡說當年，如果有一群當時和自己一樣瘋癲的人作伴。

出了社會之後，人心就變得複雜了，總有人會因為嫉妒羨慕恨，做出一些綠茶婊的事，但是你們有沒有覺得這些綠茶從來不覺得自己有錯，為什麼呢？因為他們只是為了想得到自己的東西做出的努力，在他們的眼裡不這麼做的人才是笨蛋。

很多人的確是結果論，交朋友也一樣，凡事往高大上的攀上去，好像有了幾個有錢的朋友，自己也變有錢一樣，事實上有沒有錢不重要，努不努力上進才是重點，好嗎！

小 P 是個家境普通的人，但結交了一票有錢朋友，每一個朋友的家庭背景做什麼、賣什麼的，他了解得清清楚楚，彷彿早就做好的功課一樣，能參加的聚會一次也不錯過，因為他覺得只要待在一起就是同一個圈圈的人！不知不覺他說話行為也變得跟他們一樣，但人家含著金湯匙，你要

過上一樣的生活有多辛苦？沒關係，反正社交媒體是萬能的瘋狂的 PO 照片，這樣就像是同一群人了。但小 P 絕對沒有想到，他所謂的富二代朋友是怎麼樣在背後說他的！

其中有一個說：「她說話談吐就跟我們不一樣，喝了酒又很粗俗，像個小太妹一樣，找她出來也是覺得很鬧很好笑，反正隨時約她都可以，根本隨 call 隨到！」沒有錯啊，為了融入這個團體，他的確是煞費苦心，就算原本跟別人約好也會取消，改去參加這些有錢人的聚會。因為在他眼中多去一次就多一點機會可以多認識一些有錢人，但其他人也不是笨蛋！

帶著利益的眼光在交朋友！目的性那麼明顯誰不知道？交朋友不是不可以！但是不要老想貪好處！想要從別人身上占便宜，總想著喝不用錢的酒，總想要吃不用錢的飯！與其羨慕融入別人的生活，不如好好努力充實自己，好的朋友可以幫你開眼界，但你要自己創造新世界！

所以當你身邊有那種對每個人身家背景瞭若指掌，搞不好有個資料庫充分記錄的人，請記得保持一點距離，留一個心眼，因為他交你這個朋友，是因為你的「價值」。

交朋友，個性相投最重要！很多人會包容一些朋友，不是友誼多堅定，是因為不好說什麼！因為背景得罪不起、因為從小一起長大，或是需要這個朋友的幫忙，這種有壓力和束縛的友誼，真的很多餘！

從我結婚之後，我就有計劃的縮小生活圈，剔除、遠離沒有是非觀念的朋友！我的朋友不用天天見面，但每次見面會開心到忘了拍照，聊到忘了時間！甚至有時候根本不拍照、不告訴別人的祕密聚會，為什麼？因為交朋友不是交給別人看的。很多人很喜歡瘋狂去聚會、一直拿手機找人合照，尤其不熟的朋友的朋友，再放在社交媒體上假裝和大家都好朋友！最討厭的是還會不經人同意拍別人小孩的照片，再 PO 出來營造跟人家很熟的假象，不累嗎？到底踏實的活著有多累？

生活中一定要擺脫「血蛭型」的朋友！我遇過一對血蛭夫婦，超狂！什麼都能借！結婚影片拍攝場地，要跟朋友借豪宅公設大廳、結婚典禮要借朋友的店家露台區、出門要借朋友的司機和保母車，還想天天去借用豪宅的健身房……反正朋友都是他的門面製造機，「只要敢開口沒什麼不可以！」就是這種人的想法！他們甚至覺得自己很聰

明，精打細算，朋友都是他們的贊助商，但他們給過朋友什麼？真沒有！每次開口就是要求幫這個、幫那個，如果有人婉拒，還開始盧：「為什麼不行啊？我們是朋友耶～～這種忙可以幫吧！」根本情勒高手！

碰到這種什麼都伸手牌的，麻煩速速遠離！因為你不幫他們也可以找到別人幫忙！反正全天下人都為他所用，這種不叫朋友！**不能互相的、不能有來有往的，只有金錢利益的！請遠離！**

Photographer／沐比專業攝影 mon bébé photography
服裝／Diosa 蕾絲。紗 手工婚紗 Makeup・Hair／吳志竑

「臭臉症」
重度患者，
才能當眞朋友

現在有兩個人，始終笑臉迎人的 VS 不熟會臭臉的，你會選誰當朋友？

強烈建議你選擇後者，也就是臭臉掛的。

因爲不論熟不熟，就能夠露出招牌制式笑容的，這種長輩眼中的有禮貌行爲，在我眼中，除非是工作需求，其實只是一種假面，是笑面虎。你應該聽過類似的故事吧！就是有這種人，會在你背後插一刀，當你轉身還跟你裝沒事，被識破也不會承認！笑面虎知道自己的笑容能使人卸下心防，覺得自己友善又值得信任。現在請你你回想人生中，有多少次被這樣的人整的翻天覆地？

臭臉人跟笑面虎最大的區別，就是對於熟不熟的人，在態度上有莫大的區別！

不熟的，臭臉人會保持距離，互不打擾！熟了之後比誰都瘋，根本就是你朋友圈最幼稚的。

想想身邊是不是有這種人？只對朋友好，其他人一律生人勿近。因爲她的內心有一把尺，認定了是朋友，才會在你面前打開心房，展現眞實自我。臭臉，只是一種保護色，不需要討好，只想尋找志同道合的好朋友！

而笑面虎恰恰相反！人人好！到處交友、布線、拉人脈，因爲她需要很多朋友，而不是要好朋友！

你會發現，當你把笑面虎當朋友，但她卻會把你的敵人也當朋友！而且還理直氣壯，表示自己不想得罪人，也不想選邊站，因爲你的感受不會比她的利益重要！

但偏偏這個世界，總是在一開始比較偏向笑面虎。這種滿臉堆笑，一肚子壞水的朋友，會讓你被害倒地時，還會問爲什麼？我只能告訴你：「笑裡藏刀呀！妹妹」那張堆滿笑容的臉所說出的話，並不會有多少人質疑。如果剛好被說的人又是個臭臉人，完了～巴比Q了！臭臉人，就算跳黃河也洗不清！

聽起來是不是笑面虎占盡了便宜？沒錯！在這個以貌取人又不公平的世界，人人都會被表象迷惑，所以我才要提醒你，一個人能對你笑，也能對所有人笑，代表這個笑沒有什麼特殊意義，只是機械式反射性直覺般的笑容，像個機器人一樣，你沒什麼特別，你只是剛好出現在眼前，恭喜你獲得熱情微笑一枚，so what？

而臭臉人，你仔細觀察，他們對陌生人、不熟的人和熟人絕對不一樣，因爲你是認證過的，才能得到笑容，而這個笑容的背後，是眞心的，不是人人都有的……表示你是自己人！

所以我好怕好怕那種滿臉堆笑，和每個人一樣熱情和同樣語調，好像內建模式一樣，一鍵啟動。你怎麼可能對每個人都一樣感覺、一樣交情、一樣熱情？不累嗎？

你看到這是不是在想？等一下！你是不是因爲自己是臭臉掛的，所以一直在爲自己辯解？來！你憑心而論，你對家人是不是常臭臉、結屎面？爲什麼？因爲你不用討好他們呀！對吧！那你對誰常堆滿笑臉？上司？老師？你想討好的人？另一半？長輩？或是工作(服務業)？很多時候你是眞心想笑？還是不得不笑？有多少次的笑容背後，你的白眼翻到後腦勺？數不清了吧？想起來了吧？

是的！珍惜那來自臭臉人的笑容，你可能是萬中選一！

這行業太多笑面虎了！當然各行各業，各個角落都有啦！大概跟蟑螂一樣多呀！人前堆笑，讓你都快淹死在那酒窩了，瘋狂稱讚你、熱情擁抱、不斷詢問、熱情破表。

天啊！你今天也太好看了吧……這衣服只有你能穿呀！怎麼又更年輕了，我都有在想要約你耶～吼脩……下次約哦……一定哦……真的，Love u～～約哦～～ bye～～我怕～～～～～～ 好怕～～～～～～

像是某種 AI 程式寫出的對話，我寧可跟 Siri 對話，更有溫度。一個願意跟你交流的人，比一個 social 很制式的人，更值得你花時間交往。不要教育你的孩子，見到人就笑，那不是禮貌，是討好！你的朋友是你朋友！你笑沒毛病，但是你孩子能比你和他們更熟悉？為什麼要跟你一樣？

陌生人更不用說，笑什麼呀！孩子需要觀察，需要時間！他們自己看的更細膩，比我們更會觀察人。小王美根本是小鷹眼，任何地方都可以找出熊貓，有次我抱著她，她一直喊 Lulu（卡通的熊熊她都叫 Lulu）我找好久～終於在隔壁桌上的手搖飲封膜上看到！也太小～～～～～～

說這麼多是想告訴你們，笑容可掬的不一定是好人，臭臉迎人的不一定是壞人！也不必用笑容去迎合討好，更不用逢人就笑。

我從以前就一直被要求，要多笑，逢人就笑，不然太有距離感。小瑋哥常提醒我～多笑、多笑一點！我知他是好意，但我不懂？所以我一笑，就會泯恩仇？大家就會多喜歡我一點？突然間被我迷倒？假笑、尬笑也行？我好不會假笑哦！我只會開懷大笑、狂笑，笑不露齒那種，我辦不到。

天啊……太不討喜了、太沒觀眾緣了、太臭臉了，在跩什麼呀？幹嘛不笑啊？這一切都太煩人了，就算我是公眾人物，但我也不是微笑機器呀！但偏偏這個社會就是以貌取人。

「她一直笑，好親民哦！她剛跟我笑，人好好哦！」對，我不能低頭裝忙，不然就會被說擺一張臉，也不能放空想等一下要吃什麼……不然就會被說，臉臭像是在生氣！經過這幾年，我已經不在乎了，我沒辦法用假微笑迷死人。不可能的，所以我的笑都是真心的，放空時也就這樣了，反正一定會被誤會，那就以後再解開吧！

懂我的人，就會理解，臭臉症，是我的防護罩，過濾、清除，那些天生敏感，容易覺得被針對的人，留下膽子大的、有冒險精神、命硬的天選之人。不用當一個笑臉迎人的機

器人，當一個可以用頭腦控制臉部表情的人。想笑再笑，因爲你的笑很珍貴，不用廣發群眾。笑面虎得笑一輩子，停不下，哭也得笑，根本是活在哈哈地獄！

所以現在如果有人再要求我多笑，我會回：「那要看狀況！因爲我微微一笑很傾城。」

IN L

該如何確定他就是對的人？
不必問月老，聽聽王美的建議：
只要想像你心中的 DREAM BAG!

王　美　談　感　情

單身不是一種選擇，
而是一種醒悟

Photographer／沐比專業攝影 mon bébé photography
服裝／Diosa 蕾絲。紗 手工婚紗 Makeup・Hair／吳志竑

王美談感情

我想這個章節大概是最多女生最有興趣的，愛情眞是女生永恆的課題呀！

很多女生都會私訊問我，如何告別單身？如何找到對的另外一半？好像一個人很多事情就無法完成，夜晚就會孤單寂寞覺得冷，就算身邊的另外一半再軟爛也沒關係，至少還有人陪著。

我年輕的時候，就是 10 幾歲的時候，我也覺得不能沒有人陪，其實是不知道自己要什麼，有一種邊走邊看、碰到什麼是什麼的感覺，直到很多事情挑戰到了底線才發現沒辦法接受！

年輕的時候，只想從父母的手中拿回自由，什麼都想要自己做主，尤其是感情，主觀的不得了，聽不得別人的勸！好像這個世界上，沒有人眞正的懂我！

我曾經單身了好長的時間，看著身邊好多人，結婚生小孩，或是有穩定的對象，我都在內心想，我也會過上這樣的生活嗎？我也可以找到可以結婚的另外一半嗎？但是在那之前我談的每一場戀愛，其實都不是眞正的做自己！

小時候談戀愛都喜歡迎合別人，我們都想被肯定，所以被劈腿、被傷害都覺得是自己不夠好，甚至覺得如果連這麼糟的人都不要我們，那我們要去哪裡找新的對象？

大家有沒有去拜過月老？我有耶！大家記不記得拜月老要怎麼許願？就是你要對祂說一大堆你想要的條件，你有沒有想過每個人都去跟月老求一樣的條件，世界上符合這個標準的男人，應該都在別人家裡面的吧？

失敗的戀情會讓你知道，如果你沒有辦法做自己，你就不會擁有真正的感情，我單身的時候有一票媽媽朋友，約我去唱歌。「我們明天一起去唱歌好不好？12點喔！我們錢櫃見。」我回他：「晚上12點？沒問題呀！」我朋友回我：「是中午12點！我們吃飯唱歌到4點，然後再去接小孩回家，煮飯等老公回家！」

我當時聽傻了！中午12點？？我只有唱到12點過，還沒有12點進去唱過！

當天中午12點當我準時出現在錢櫃包廂的時候，我發誓！這是我唱過最兇狠的一局，現場那些根本都是從動物園放出來的猛獸！我從來不知道錢櫃有這麼多歌，國、台、英

語、廣東話……能唱的全部來一遍，然後每個人不停的對我說：「天啊！你單身喔？好好喔！沒事真的不要結婚！」轉身另外一個人又拉著我：「姐姐跟你說，單身真的很棒！想幹嘛就幹嘛，我要是現在單身，那還得了！」就這樣到4點前，每個人輪流跟我說一遍有多羨慕我，但他們不知道在踏入錢櫃之前，其實我是很羨慕他們，人也許就是這樣，總是喜歡自己沒有的東西！4點一到，所有人馬上打回原形去接小孩！

而我默默地回家，不得不說我的心裡是很衝擊的，因為他們抱怨了半天，卻又還是心甘情願地回到原本的生活，我其實原本不太能夠理解他們所說的單身到底有多好，因為我小時候其實不太能跟自己相處，不喜歡一個人，總喜歡往外跑！

但我後來發現，當我越來越能夠跟自己相處，想吃什麼就吃什麼，不用老是遷就另外一個人、想幹嘛就幹嘛，不用什麼事情都詢問別人的意見！我開始可以理解，為什麼這麼多人想要單身的自由！因為那不是一種選擇，而是一種覺醒。

從那一刻開始，我非常的享受我的單身生活！我對我自己非常得好，從不委屈自己，努力工作、認真生活，每一件事情都很有儀式感！我開始誠實的面對我自己所有的優缺點，我懂得欣賞我自己！我不隨意地活在別人的評價裡！我開始培養起屬於我自己的底氣！而且在這個時候，我遇到了我老公！

而我們開啟了遠距離的戀愛，如果沒有前面的決心，我一定還是一個幼稚到不行的人，缺乏安全感，一定每天查勤，年輕情侶最愛玩什麼遊戲？你問我答的報備遊戲！每天一大早睜開眼睛就要開始定點定時報備自己所有的行程，吃了什麼、見了誰？幾點下班、幾點睡覺？只差沒告訴對方上了幾次廁所、排便的形狀長什麼樣子！然後天天拿著手機秒讀秒回，好像人生沒有其他的事一樣！

這個事情大家都經歷過吧？不然就是自己當特工，開始偵查對方的一切行為，有的時候還要反偵查！基本上經歷過上述說的報備行為，你都可以清楚的發現感情不可能走得順暢，反而爭吵不斷，因為這個模式根本就不成熟，感情失敗也是理所當然的吧！

反正我就在我最享受單身生活的時候，遇到了我老公，而且還是一段遠距離的戀愛，最需要自信和信任這兩件事，我們處理得很好，因為我們都對自己很有自信，也對對方非常的信任。

從一開始我就在他面前誠實的做自己，我直接跟他說我不會煮飯，我也不喜歡下廚，我誠實的說了自己很多以前會想隱藏、想虛張聲勢的某部分個性，但這一次我選擇坦承，他大概是沒料到有人這麼坦白吧！反正我就是一整個無所畏懼的方式，心想著反正遠距離這麼困難，我努力的，對方也要努力吧！

我們就這樣交往了兩年，我真心的覺得當你在可以單身的情況之下去投入一段戀愛，你其實是無所畏懼的，因為你知道單身有多好，**所以談感情必須要是可以為人生加分的，如果你的感情會影響你的情緒和工作，要你的生活減分，那麼你就應該回到單身狀態！這樣簡單的加減算式，**應該很明確不是嗎？

很多人在我結婚之後問我，你會懷念沒有生孩子時的單身生活嗎？答案是：「當然會啊！」人總是會想起很多以前好

的地方，但那並不表示現在不好，說穿了只是你不夠忙而已，等你手上抱著孩子、一邊還要處理工作時，相信我，你想著小孩睡了之後你要怎樣都來不及了！哪還有空想以前怎樣？！

人生中每一個階段要擔心的事情都不太一樣，但差別就在於你有沒有享受那個過程。單身不是沒有人陪伴，是一個訓練獨立的過程，是人生必須要學會的課題，**只有學會和自己自處**，才能夠因為夠了解自己，而不會被別人左右，**能夠一個人活得很好的人，他把快樂的能力掌握在自己手裡**；單身不是你不優秀，是你還沒有找到能和你匹配的那個人，我說過通關升級的過程是痛苦的，因為他需要等待，不管等待的時間有多長，你可以確定一件事，你的人生只會更美好！

選擇對象
就跟買包包一樣

Photographer／沐比專業攝影 mon bébé photography
服裝／Diosa 蕾絲。紗 手工婚紗 Makeup．Hair／吳志竑

王美談感情

我常常在想女人是不是遇到了愛情，再聰明的大腦也會變成金魚腦。愛情的道路上，跌跌撞撞人之常情，跌倒了之後怎麼樣爬起來，這才是我們這輩子的功課！

愛情中的對錯，有時來自於自己的感受，跟別人怎麼看根本沒有關係！很多人問我什麼是對的人？如何確定他就是對的人？很簡單——想像什麼是你心中的 Dream Bag？

有人在乎品牌，有人在乎實用性，有人在乎稀有度，每一個人的標準都不一樣！所以適合別人的，不一定適合你、你喜歡的，別人未必放在心上，有時人人都想要的基本款也未必能滿足你，所以了解自己的喜好，才能找到命定包以及命定的另一半。

當你走進一間精品店，眾多的包款你會怎麼選擇？先選自己喜歡的顏色？還是你心中早就有想要買的包包？或者看別人手上都拿的是什麼？當 sales 開始跟你介紹，你是會被他打動？還是不管他推銷你什麼，你都只堅定心中所好？

你們有沒有曾經，抱著今天就是要去買一個包犒賞自己的決心，結果走進店裡怎麼看都不滿意，連看了幾個品牌的

店，都沒有自己想要的！你會就此打住？還是不管如何不滿意都硬要買一個？然後曾經不經意地經過店家，就在櫥窗看到了自己的命定包，標準的「轉角遇到愛」，一見鍾情、一往情深、一包定天下。

拿包包來比喻感情的對象，是因為當我們在選擇自己喜歡的東西，每個人的喜好其實都不一樣，但大多數的人都會受到別人的影響，進而去喜歡別人喜歡的！但卻忘記了什麼才是自己喜歡也是最適合自己的！當然有些女生天生有病，就喜歡別人的，就像肚子不餓也要吃兩口一樣！這種吃男怪物 man eater 我們這邊就先撇除不談。

我建議女生要把自己準備好，不管是什麼樣的包款都能夠輕鬆的在不同場合駕馭，而不是自我限定只能使用某些款式，無法跳脫自己的舒適圈，可以買而選擇不買，跟買了無法駕馭這是完全不同的兩回事！

如果有一天你的命定包在你眼前出現了，但是價格不是你所能負荷的，這裡的價格是指你自身的條件，有些女生遇到的好對象，卻自卑的覺得自己配不上，所以會在愛情裡被予取予求，因為他太害怕失去，就像你買了一個包不敢帶出門，怕弄髒、怕刮壞，天天收在盒子裡，一出門就

CHAPTER 4

緊緊抱懷裡，刮風下雨就用生命保護它，這樣會開心嗎？你並沒有享受這個包包帶給你的樂趣，還有你擁有它的成就感，只有無盡的壓力；感情也是一樣，你想要卻覺得要不起，對方的回應就像是施捨，哪怕看你一眼也好！不然就是命定包出現的時候，身邊大排長龍的競爭者，每個VIP都要搶這個包包，你會放棄還是堅持？

過好自己的每個階段，你才有辦法因應所有的情況，真愛不是不存在，是存在的時候，你能夠守護多久？你拚了命地跟月老求真愛，遇到的時候擔心又害怕！

在愛情裡面有多少次妥協？甚至以為降低標準，就比較不會失望！我可以很明白告訴你，降低標準這件事一旦發生，就是會失望！你只是提前打了預防針，因為這樣比較不會不舒服！但你一定會後悔曾經降低了標準，委屈是愛情裡，最不需要的兩個字。一個愛你的人不會讓你委屈、一個愛自己的人捨不得讓自己委屈，這是你在一開始設定的標準，如果對方是你的第二選擇，相信我你永遠會想著你的第一選擇，是你的妥協讓自己感到委屈罷了。

這就好比櫃姐告訴你，你想要的粉紅色沒有了，只剩下一個粉藍色，不要也沒了！好吧，給我這個沒有那麼喜歡的

粉藍色，結果每次拿著粉藍色，都想著沒買到的粉紅色，看著粉藍色想著是粉紅色多好！人就是這樣！總想著自己沒有的、失去的、錯過的，並不會感恩至少你還有粉藍色。

我們女人是不是很奇妙，我們總是有好多的比較值……但真愛不是比較出來的，大家有沒有去求過月老？是不是要跟月老說很多條件？長得高、孝順父母，有禮貌、善良、愛家、忠誠，還有不劈腿、愛乾淨、愛運動、身材好，還要幽默、風趣、愛家人、愛你的狗……反正諸如此類的，我就問你一句：「這麼好的人誰不喜歡？這麼好的人為什麼要喜歡你？」

我以前也求過月老，也講過上述的話！直到有一天，我在跟月老講一樣話的時候，突然間想到如果我找到了他，我是他想找的人嗎？我知道他是對的人，那他怎麼知道我也是對的人？所以我換了一套說法！我說：「月老，能不能給我一個了解我的人，一個讓我可以做自己的人，不用假裝的人！一個就喜歡我這樣、支持我的人！他知道我有多好，我跟他在一起我還能更好！」這樣說完了之後，我心中舒坦多了！

是的，誰不想被理解被認可？尤其是身邊的另外一半！誰會想要和處處否定自己的人交往？每天回來嫌棄你，拿你跟別人比較（重點是這種人本身條件也不過是普男等級）眼高手低，自己不好好工作，還嫌棄你的工作，對你的人生沒有鼓勵功能只有詆毀！重點是嫌棄你還繼續跟你在一起，因為他還沒有找到下一個 sugar mommy！像個水蛭一樣，吸乾你生活中的養分，再無情的嫌棄你、拋棄你，你因為這樣的打擊，開始了自我否定！

真愛，從珍愛自己開始，你對你自己有多好，當在別人眼裡，你是一個不虧待自己的人，別人也不敢怠慢你！因為處處委曲求全的人，別人很容易就會欺負你！當你習慣對你自己好，另外一個人的加入不能讓你更好，那你寧可一個人！

所以如果你還不確定自己要什麼，就不要急著找對象，因為寧缺勿濫，這一間店沒有買到自己想看的包包，你還有好多間可以看！你不只可以去店面看，還可以上網看，你還可以出國買，你還可以找代購！**就算最近沒有好看的包包，你永遠都有下一季可以等待！感情也是這樣的！**

不用因為大家都買了新包包你就也要買一個，難不成要隨便亂買一個沒那麼喜歡的，只為了加入大家的團體嗎？還不如把亂買的錢和時間省起來，等待真心想買的包出現！

千萬千萬不要有年齡的壓力！不要因為身邊的人催促而自亂陣腳，你的人生不會有人比你更清楚，在這個人人給你建議的資訊爆炸時代，有的時候關起耳朵，聽聽自己心裡想要什麼的聲音，也不用跟什麼姐妹討論，你自己喜歡什麼還要去說服別人嗎？難不成姐妹要跟你喜歡一樣的嗎？自己喜歡什麼東西自己放心裡，等拿到了、買到了，再背出去，千萬不要在一開始，就傳簡訊問：「好不好看？適不適合我？」自己要花錢的東西問別人幹嘛？你朋友是要幫你出錢嗎？感情更是這樣，你喜歡哪個對象，不用敲鑼打鼓，等他真的成為你男朋友，再帶去給姐妹看。

女生呀！一定要學會一個字「NEXT！」，不喜歡的、不滿意的，我絕不勉強接受，大聲地說出：「下一個！」因為下一個才機會更好！

愛自己，請大聲說！
愛他，在心裡說！

王美談感情

與其看另一半的手機，不如去多看看這個世界。手機不看是不是很沒安全感？是不是覺得失去掌控權？但沒看到線索會好失落、看到了證據又好失控！

是的！因爲潘朵拉的盒子本來就不該打開，如果今天一個人有心要瞞你，放心，他一定會把證據刪得乾乾淨淨的，而兩個人的相處如果要加上手機驗證的程序，這肯定是感情出現問題的徵兆了。沒有情侶濃情蜜意時想查看手機的，因爲眼裡只有彼此，哪有手機的存在。但交往久了，對方開始你一個大活人在旁邊，他卻只看手機了，還會對著手機傻笑！太過分了！一定有鬼！

老娘要看爆那支手機！！一打開～什麼！追蹤大胸妹？私信網紅？還有小模？

ㄍㄢˋ還有前女友！賤男人竟然還有砲友！沒錯所有炸裂三觀、噁心至極的事，如果全藏在一支手機中！這麼噁心的東西看它幹嘛？

說眞的，我身邊會查看對方手機的 99% 的結果都腥風血雨，唯一的 1% 什麼都沒看到的女生，居然還覺得男生沒行情！這到底是什麼心態？！

很多人看完覺得不甘心大吵大鬧，男生道歉認錯之後，你一定還是很沒安全感！就算天天查也是不放心，甚至連他追蹤私聊的妹，你也要開小帳追蹤！是的！你的人生徹底沒重心，動不動拿他手機裡的內容出來吵不停！這樣的感情，不分手才怪！

我想說的是，在感情中，越沒有安全感的一方，就越會在這段關係中處於弱勢！你如果相信自己夠好，就會認為即使對方碰到一些野花野草，也會覺得比較起來還是你更好，不會輕易地去做出最後要跟你分手的事情；你應該要把力氣和時間放在讓他來擔心你會不會出軌，而不是擔心他會不會劈腿。

比如：每天把自己收拾地漂漂亮亮，讓自己不論外在還是精神都處於好的狀態，讓他覺得你還是很有行情、讓他覺得你還是需要他小心呵護，不然很有可能會失去你。所以我很贊成：「愛自己，請大聲說！愛他，在心裡說！」你可以讓他知道你愛他，但不要讓他覺得你是囊中物，不論他怎麼糟踐你，你都永遠離不開他，如果你真的愛他到這種地步，也絕對不要輕易說出口，而是要讓他知道，你覺得自己是珍貴的，是值得被愛的，如果你努力為對方付出，對方也應該要給你回應，這才是你要的愛情。

很多人問我對方劈腿出軌要不要分手？重點在於你能不能接受？以後你還能不能信任他？有些女生有感情潔癖，選擇果斷分手！但很多人因為婚姻中有孩子，想走走不了！

當你不想離開的時候，其實不論有沒有孩子，你都可以抓住任何事情當作不能走的理由，說穿了也許是習慣、也許是不夠勇敢，總之在潛意識中你就是不想離開他，這種時候你需要做的是認真地了解自己不願意走的理由，你可能會發現原因很殘酷，很可能你只是不相信自己足夠強大，離開了對方，你無法想像自己的生活還能快樂的過下去。

我覺得即使是因為這樣，也不要自責和自怨，你需要的是時間，為自己做心理建設，為自己做準備。如果真的只是因為孩子，那麼你可能也要認真思考，在一個父母感情破碎的家庭中成長，真的對孩子是好的嗎？如果是經濟問

題，你更要開始為離開後的財力做好規劃，這個問題就是不爭一時，不論是贍養費或是自己開始存錢理財，總有離得開的一天。

當然我也相信有的女生真的很大度，有著「傳統婦女美德」覺得男人哪個不花心，很輕易就能接受和原諒對方，那我也是祝福啦～～畢竟每個人都是不一樣的個體，每段感情也是如人飲水，只有自己最清楚呀！

不論選擇原諒或離開，我的建議是：如果走得了，不要為過去的付出感到不甘心，這是他的損失；如果選擇留下！除了「原諒」對方，你也必須要原諒自己，千萬要放過自己，相信自己總有一天會足夠強大到做出對自己最好的選擇，**請不要躲起來偷哭！請你好好大聲哭一次，然後再也不要流淚！**

心中住著前男友，
註定什麼都沒有

王美談感情

前男友當然是每個人都會來問我的問題，我必須要說，**如果這個世界上拋開一樣東西讓你能夠進步，我想應該就是前男友了！**

很多女生對於失去過的東西，就像沒買到的包包一樣，夜深人靜時總會浮現在腦海中，甚至覺得必須要得到前男友的肯定，人生才會圓滿！甚至覺得如果可以跟前男友復合，好像人生中缺失的一塊拼圖被補上了。

如果你的人生只能停留在過去，絕對無法進步，每一任的交往對象都應該讓你更加了解自己，才能夠尋找下一個更適合自己的人！絕對不是交往一個人，你就覺得他就是你人生的最高等級，除非你是跟什麼天菜交往！但大多數的女生，走不開、走不出的對象，都是「普信男」，長相普普卻充滿自信的男人！這種人有一個特點就是很會否定別人，很多女生被這種男生否定過之後，他就會覺得這麼普通的人都覺得我不好，我一定很差，相信我！該被否定的是這個男生！

我知道有些人會說，為什麼不能跟前男友當朋友？分手之後一定要當敵人嗎？

一定要不來往嗎？不能互相關心嗎？我們不是家人嗎？說不定他還沒忘了我啊！

妹妹呀～～～～你有沒有想過你們為什麼會分手？因為不適合！？那你不把時間放在自己身上，或者是去找尋另外一段真正適合你的感情，你一直抓著分手的人要幹嘛？前男友來按讚我的 IG！他是不是還對我有感覺？他要約我吃飯耶！我跟他媽媽很好耶，怎麼辦我們是不是會復合啊！你們是不是已經忘了你們分手了！你們不是在冷戰！你們已經分手了！

你對於一個不是你男友的人，你還用男友的心態在看他，那請問一下他用什麼心態在看你？你把自己丟進了一個灰色地帶，你無法釐清自己的感情，你也看不清他在幹嘛！

你每天都在看這個男生對你的態度是什麼，就像是要解開一個超級無敵困難的數學謎題，卻帶入了 $7 \times 7 = 49$ 這個不同的公式，你的人生基本上已經被他掌控了！

他已經不是你的男友，所以你無法用男友的標準要求他，他不接你電話你拿他沒辦法。他打給你，你就覺得他需要你了，你根本就是工具人！

一個人之所以成為前任，是因為你跟他沒有未來，你就像是一個坐上時光機不斷想回到過去的人，你卻永遠會去到錯的時間點，結局永遠無法改變！

我說要遠離前男友，是因為你必須重新整理自己，就當作你不認識他一樣，記憶庫必須被清空，你就像是一個重新醒過來的人，不帶著前面的記憶，你才有辦法重新開始生活，越是依賴前男友的人越是走不開！你就像寄生蟲離不開宿主！

面對這種情況，你必須要獨立！斷開就是最好的辦法！

而有些爛男人，能夠離開就是你的福報，如果發現了一個男人配不上你的愛，請你一定要驕傲的抬著頭，提著你的的行囊，帥氣的轉身頭也不回，離開他！他要記得的是你帥氣的背影，而不是抱著他的大腿求他留下！

沒有人離開誰就活不了！你再遇到他之前也是好好的，沒道理沒有他之後你活不下去，你沒有辦法接受的是，連他這種等級的人都不要你，寧可優秀的孤獨，也不要擺爛的相處！一定要牢記心裡頭：**我們可以孤獨的過著開心的生活，千萬不要跟另外一個人活在地獄裡！前任是我們對生活的反思，需要改進的地方，絕對不是我們錯失的美好！**

有的時候承認自己當初瞎了眼、看走了眼，並不是一件困難事，只是要承認自己犯錯的過程，不是那麼容易。我希望你們想到前男友，就像看到大蟑螂一樣，尖叫一聲，趕緊閃過，提醒自己不要再犯同樣的錯！我們不需要討厭他

們，我們只需要讓他們離開！

不適合的人不需要占用我們腦容量和記憶庫！舊的不去、新的不來，前男友就像你曾經賣出轉手的一個包包一樣，你突然後悔了！魂牽夢縈的找尋，就算歷經千辛萬苦尋了回來，可能也曾經轉手他人，已經不是原來的那個包了。

當然世界上還是有繞了一圈「緣來就是你」的劇情上演！但這過程中的彼此，一定也都經歷了很多，所以不走出陰影，你看不見自己的影子。**告別前任！是我們要解鎖的技能！你可以不使用，但你不能不會用！**

前男友絕對不是你人生的大魔王！你今生絕對不是只為和他相遇，他是一個普通關卡，訓練你裝備齊全，讓你反應靈敏，讓你開眼界，既然都學完了！當然要領結業證書啊！畢業典禮迎接人生新篇章啊！不然是想延畢幾年啊？？

沒有他，你懷疑自己是不是不好？放心他真的沒那麼好！你一定會更好！還會後悔沒走得更早！

前男友！慢走不送！此生相遇，此債已償，各自安好別再打擾，快去投胎，別再害人，下一輩子，願你當豬剛好！

愛情最美的時候，
是想念的時候

王美談感情

想念是會呼吸的痛～～

愛情最美的時候，是還有期待的時候，還能懷抱希望！

很多女生一談戀愛，就恨不得趴在男人的背上，走到哪都跟到哪～恨不得洗澡、上廁所也不分開，最好 1 年 365 天 1 天 24 小時連睡覺都牽著手，一睜開眼就看到你，一回頭你不只在燈火闌珊處，你還站在 spotlight 下，你就是他的全世界！

聽起來很美好，一個真愛你的人好像也應該這樣對你，你們就像是第一批移民去火星的人，除了彼此，什麼也不需要！

醒醒吧！如果你是這樣談戀愛、經營感情，那麼你很容易就會被看透、看膩，沒有吸引力！

是嗎？可是不這樣，我怎麼把男友看緊？我不跟著他，怎麼知道他有沒有背著我偷吃？

相信我，一個時間管理大師，無論你看得多緊、查得有多兒，他都可以來去自如，移形換影，隻手遮天！

一段健康的感情，是要可以呼吸的！也就是說，他的生活因為你的加入顯得更加美好，更準確地說，是你們彼此的生活都更加分才對！

很多女生說，男生追求的時候一個樣，追到就變了！為什麼？很簡單！因為以前他要出門去接你，他要離開他的電動、手遊還有兄弟去找你，去跟你獨處！在樓下等你出現，當你在樓下從亂七八糟的房間出淤泥而不染的走下樓，全妝髮整組蕭水的出現，他頭腦壞了才要去跟哥們一起，不論等多久，你出現的瞬間，他就感覺值得了！

把你送回家又立刻會想念你，所以簡訊、電話說不停！腦海中都是你剛剛大全妝美到不行的畫面，殊不知這時已經卸妝的你，痘痘都飛出來，黃著一張臉，翹著腳在跟他講電話！

這樣多好！他因為思念所以念念不忘！你可以回家卸妝打回原形，敷面膜、泡澡為下次做準備！ 永遠端出最好的一面！

但有太多人喜歡同居！我先說，我不反對同居，但我真心覺得不用每一天都住在一起！因為你一定要有一個屬於自

己的地盤！無論發生什麼事，你有地方可以回！你有沒有朋友，半夜吵架沒地方睡？同居的確可以很快熟悉另一個人，但真的不要太快了，你想想，他不用起身出門找你，因為你已經躺在旁邊了！所以電動、手遊何必放下？這個房子裡已經有他需要的一切人事物了！但身邊的那位，不是全妝髮辣妹，是素顏戴眼鏡，沒有美顏美瞳，頭上鯊魚夾，兩天沒洗頭，寬鬆睡衣上還有污漬，男人一轉身，你嘴裡還在抱怨他變了！對著你卻整天手機不離身，拜託！你把自己變成這樣，誰受得了？

不是說外貌是一切，但適當的打扮不只是讓身邊的人喜歡你的狀態，更是提醒自己要努力維持的心態，有多少人感情一穩定或一進入婚姻就放棄打扮？當你去妝扮花時間在自己身上時，那就是對方的呼吸時間！不用什麼事都要兩人一起！

當他一個人時，才有空間想到你。我聽一個朋友說過，他很享受去接女友這件事，因為可以期待她今天穿什麼！相信我，他花越多時間解密你，越沒心思看別人！你就像是一個最難解的遊戲，難到要上網查攻略，以為過關了，卻發現還有隱藏關卡！想見你還要花等你的時間，因為

你要接睫毛、做指甲、除毛、做醫美、洗頭染髮、和朋友聚會、回家陪家人之外，還要工作……如此忙碌又優秀的你，如果要抽空談戀愛，你會有時間精力天天只和男友膩在一起嗎？

難道對看彼此就能用愛發電？人在家中坐，錢從天上來？很多女生抱怨，我男友把工作看的比我還重要！寧可去工作也不多陪我！

生活本來就不容易，現在還要多養一個，偏偏你又很會吃，然後人家出門上班，你還在家用水、用電，交到男友你就把工作辭了，回家當男友的小廢物女友，每天：「我餓餓～～我想你、我無聊，快陪我！」說真的，遇到你真的是卡到陰！不工作只陪你？請問你生肖是招財貓嗎？陪你就好？不然拉倒？

以上我說的情形男女通用！如果你遇到這樣的男人，請離開！如果你是這樣的女人，請改變！兩個人的生活如果比不上一個人，那麼請離開；如果彼此的相處讓你不能呼吸，請離開！

請記得，如果你控制一個人的人身自由，像是走到哪裡都要帶著你，那麼你絕對管不了他腦中想放飛自我的渴望！請給別人呼吸和想見你的空間，每個人都需要在獨處的情況下釋放下壓力，比如可以大聲放屁、上廁所、挖鼻孔、大聲唱歌……想幹嘛就幹嘛地獨自在自己的小宇宙，這樣才能釋放壓力，用更好的狀態面對你！

至於你們擔心的背叛偷吃，一個神偷，就算你布滿監視器他也能找到死角，時間成本請投注在自己身上，大把的青春拿去等待別人幹嘛？

請出去大口呼吸自由的風，想念應該是出發見面時的微笑，見到時的傻笑，聊天時的大笑，而不是可笑的限制別人，留一點呼吸空間，才能在愛情的路上走的長遠！

王 美 說 了 算 ！誰 管 別 人 想 什 麼 ！

鍛 鍊 強 大 心 理 素 質、打 怪 技 能、捉 妖 法 力，包 你 愛 情 事 業 兩 得 意

作　　　者 ── 王思佳

攝　　　影 ── 田中方堂 雲方多媒體股份有限公司

服　　　裝 ── 拜堂 BAITANG COLLECTION

妝　　　髮 ── 吳志竑

造　　　型 ── Samara Liu

責任編輯 ── 周湘琦、徐詩淵

封面設計 ── 劉旻旻

內頁設計 ── 葉馥儀

副總編輯 ── 呂增娣

總 編 輯 ── 周湘琦

董 事 長 ── 趙政岷

出 版 者 ── 時報文化出版企業股份有限公司
　　　　　　 108019 台北市和平西路三段 240 號 2 樓
　　　　　　 發行專線 ── (02)2306-6842
　　　　　　 讀者服務專線 ── 0800-231-705　(02)2304-7103
　　　　　　 讀者服務傳真 ── (02)2304-6858
　　　　　　 郵撥 ── 19344724 時報文化出版公司
　　　　　　 信箱 ── 10899 臺北華江橋郵局第 99 信箱

時 報 悅 讀 網 ── http://www.readingtimes.com.tw

電子郵件信箱 ── books@readingtimes.com.tw

法律顧問 ── 理律法律事務所 陳長文律師、李念祖律師

印　　　刷 ── 華展印刷有限公司

初版一刷 ── 2023 年 12 月 22 日

定　　　價 ── 新台幣 460 元

時報文化出版公司成立於 1975 年，
並於 1999 年股票上櫃公開發行，於 2008 年脫離中時集團非屬旺中，
以「尊重智慧與創意的文化事業」為信念。

王美說了算！誰管別人想什麼！：鍛鍊強大心理素質、打怪技
能、捉妖法力，包你愛情事業兩得意 / 王思佳作 . -- 初版 . --
臺北市：時報文化出版企業股份有限公司, 2023.12
　　面；　公分
ISBN 978-626-374-733-3 (平裝)

1.CST: 自我肯定 2.CST: 生活指導 3.CST: 成功法

177.2　　　　　　　　　　　　　　　　　11202086